오석태와
함께 하는
진짜
여행영어

오석태와 함께 하는 진짜 여행영어

오석태 지음

@ny class

prologue

여행영어요.

여행영어의 필요성은 과연 무엇일까… 많이 생각했습니다. 그동안 참 많은 출판사로부터 여행영어책 개발의뢰를 받아왔지만 한결같이 고사해왔습니다. 이유는 이러했습니다. 첫 번째, 그냥 영어를 배우면 되지 무슨 여행영어. 여행영어가 따로 있는 것도 아니고. 두 번째, 어차피 여행하면서 영어를 사용할 기회도 별로 없는 걸.

현실적으로 따져보면 정말 여행하면서 영어를 할 기회나 상황이 자주 만들어지지 않습니다. 단체여행을 가던지 현지에서 지인을 만나 그가 안내해주는 대로 움직이는 것이 일반적이기 때문에 내가 영어를 할 기회는 거의 없다는 겁니다. 물건 살 때요? 얼마냐고 물을 필요도 없습니다. 가격표가 다 붙어 있으니까요. 총액이요? 물을 필요도 없습니다. 계산기에 다 찍혀 나오니까요. 그렇다면 도대체 여행 중에 어떤 상황에서 영어가 필요할까요?

이런 경우라면 여행중에 영어를 사용할 수 밖에 없습니다. 혼자 하는 여행입니다. 그것도 치밀한 계획을 짜지 않고 그저 상황 되는대로 움직이는 여행 말입니다. 그렇다면 외국공항에 내려서부터 영어와의 전쟁은 시작됩니다. 호텔에 전화를 해서 영어로 방을 잡고 그 호텔까지 가는 교통수단을 확인한 후 그것을 타고 호텔까지 갑니다. 앞으로 펼쳐질 고생길이 훤합니다. 여러분이라면 그런 상황을 자발적으로 경험하시겠습니까? 단지 영어를 활용해보기 위해

서요?

　결국 이런 결론을 내렸습니다.

　제가 그 동안 여행을 다니면서 경험했던, 누구나 반드시 경험할 수 밖에 없는, 영어를 반드시 사용할 수 밖에 없는 상황들을 정리해보자. 그리고 영어에서 가장 중요한 발음과 억양, 그리고 문장과 표현이해에 중점을 두어서 설명해보자. 그렇습니다. 내 발음과 억양이 정확하지 않으면 아무리 폼 잡고 영어를 한다 해도 상대방은 전혀 내 말을 알아듣지 못합니다. 어휘와 표현, 그리고 문장의 정확한 이해가 없는 상태에서 막연하게 문장을 말하면 상대에게 핀잔만 듣고, 결국 여행하면서도 인종차별 당했다는 근거 모를 변명만을 늘어놓게 됩니다. 그래서 발음과 억양, 그리고 문장과 표현이해를 아주 중요하게 다루고자 했습니다.

　그 결과 지금 여러분이 손에 쥐고 있는 〈오석태의 진짜 여행영어〉가 탄생하게 되었습니다.

　이 여행영어책이 여러분의 실제 여행에 큰 도움이 되기를, 그리고 단지 여행영어 뿐 아니라 전반적인 영어실력 향상에도 여러모로 도움이 되기를 간절히 바랍니다.

저자 오석태

Contents

01. 외국에서 출국하면서 탑승수속 전   8
02. 외국에서 출국하면서 탑승수속 중   14
03. 외국에 입국하면서 입국심사   20
04. 외국에 입국하면서 수하물 찾기   26
05. 외국에 입국하면서 세관신고   32
06. 비행기 안에서 추워서 추가 담요를 부탁할 때   38
07. 비행기 안에서 먹을 것을 부탁할 때   44
08. 비행기 안에서 헤드폰을 교체해 달라고 부탁할 때   50
09. 비행기 안에서 안내방송 이해하기   56
10. 공항 내에서 비행기가 연착할 때   62
11. 공항 내에서 비행기를 갈아탈 때   68
12. 공항 내에서 수하물이 나오지 않을 때   74
13. 호텔에서 투숙할 때   80
14. 호텔에서 안내 데스크에 문의할 때(1)   86
15. 호텔에서 안내 데스크에 문의할 때(2)   92

16.	호텔에서	전화로 룸 서비스 이용할 때(1)	98
17.	호텔에서	전화로 룸 서비스 이용할 때(2)	104
18.	호텔에서	아울렛 버스 편 물을 때	110
19.	호텔에서	check out 할 때	116
20.	여행 중에	길을 물을 때	122
21.	여행 중에	길을 잃었을 때	128
22.	여행 중에	지인에게 전화할 때	134
23.	여행 중에	교통수단을 물을 때	140
24.	여행 중에	택시를 탔을 때	146
25.	여행 중에	fast food 주문할 때	152
26.	여행 중에	커피숍에서 주문할 때	158
27.	여행 중에	약국에서 약을 살 때	164
28.	여행 중에	옷 가게에서 옷을 살 때	170
29.	여행 중에	전화로 위치와 영업시간을 물을 때	176
30.	여행 중에	마음에 드는 이성에게 말을 걸 때	182

01 | 탑승수속 전
외국에서 출국하면서

ME   Excuse me.

SHE   Yes?

ME   I'd like to check in for a flight to Korea.

SHE   Oh, sorry, but you're too early. The check-in counter is not open yet. You need to wait for another hour.

ME   Oh, thank you.

SHE   You're welcome.

나	실례합니다.
그녀	예?
나	한국으로 가는 비행기 수속을 하려는데요.
그녀	죄송하지만 너무 일찍 오셨네요. 수속카운터가 아직 오픈 하지 않았습니다. 한 시간 더 기다리셔야겠는데요.
나	아, 감사합니다.
그녀	천만에요.

Excuse me. 실례합니다. 저기요. 잠깐만요. | check in for ~을 위한 체크인 수속을 하다 | a flight to ~로 가는 비행기편 | early 시간이 이른 | be open 문을 연 상태이다 | not yet 아직 아닌 | need to 꼭 ~을 할 필요가 있다 | wait for ~을 기다리다 | another hour 한 시간 더 | You're welcome. 천만에요. (격 있는 표현)

발음을 익혀볼까요?

발음법칙 ①

자음이 충돌하면 앞 자음의 발음이 순간 끊어지면서 소리 나지 않는다.

발음법칙 ②

자음과 모음이 이어지면 자음의 발음이 살아난다.

발음법칙 ③

[n]과 [t]가 연이어 나오면 [t]발음이 흔히 생략된다.

발음법칙 ④

[t]가 모음 사이에서는 [r]로 바뀌어 발음된다.

 다음 문장들을 발음법칙에 입각해서 정확히 크게 소리 내어 열 번 이상 읽으세요.

1. I'd like to check in for a flight to Korea.
   ☞ 적용 발음법칙 : ① ① ② ② ①

2. The check-in counter is not open yet.
   ☞ 적용 발음법칙 : ② ③ ④

3. You need to wait for another hour.
   ☞ 적용 발음법칙 : ① ① ②

문장의 억양을 익혀볼까요?

한 문장의 억양은 특정한 어휘들에 붙는 강세와 약세의 현상을 의미한다.

억양의 법칙 ①

문장의미를 주도하는 명사, 일반동사, 형용사, 부사 등에 강세가 붙는다.

억양의 법칙 ②

be 동사, 전치사, 관사, 접속사 등에는 일반적으로 강세가 붙지 않는다.

억양의 법칙 ③

화자의 의지에 따라서 be 동사, 전치사, 관사 등의 의미를 강조해서 말하고 싶다면 그런 품사들에게 강세가 들어갈 수 있다.

 다음 문장들을 억양의 법칙에 입각해서 정확히 크게 소리 내어 열 번 이상 읽으세요.

1. Excuse me.
2. I'd like to check in for a flight to Korea.
3. You're too early.
4. The check-in counter is not open yet.
5. You need to wait for another hour.
6. You're welcome.

패턴을 익혀볼까요?

I'd like to   '나는 ~을 하고 싶다'라는 의미를 전하는 정중한 의미의 패턴입니다. I want to ~ 패턴이 자신의 생각을 단도직입적으로 전하는 분위기라면 I'd like to ~는 상대방의 입장을 생각해서 말의 강도를 약간 낮추며 의미를 전달하는 패턴이기 때문에 상대방을 배려하는 정중한 의미의 패턴이라고 말합니다.

* *I'd like to*   check in for a flight to Korea.
treat you to dinner
talk to you alone
confirm my reservations
stay here for another day
ask you a favor

 패턴 해석

저녁 제가 대접하고 싶은데요. | 우리 둘만 얘기했으면 좋겠는데. | 예약을 좀 확인하려고요. | 하루 더 머물고 싶어서요. | 도움을 좀 부탁해도 될까요?

> 표현을 익혀볼까요?

1. Excuse me.

실례합니다. 저기요. 잠깐만요.

안면이 있는 사이든, 그렇지 않든 한 쪽에서 말을 붙일 때 정중하게 던지는 말이다.

1. Excuse me. The chairs are not for sitting.
2. Excuse me. We need a little privacy.
1. 저기요, 이 의자에 앉으시면 안됩니다. 2. 잠깐만요, 저희끼리 좀 있고 싶은데요.

2. You're too early.

너무 일찍 오셨네요.

too의 의미는 '너무'이며 부정적인 의미를 전달한다.

1. I was too young to understand it at that time.
2. You were too much of it.
1. 그때는 내가 너무 어려서 그걸 이해 못했지. 2. 그건 네가 너무 심했다.

3. You're welcome.

천만에 말씀.

고맙다는 말에 대한 대답인데 정중한 말이다. 가까운 사이에서는 사용하지 않는다. 가까운 사이에서는 Sure. No problem. 등을 이용한다.

02 | 탑승수속 중
외국에서 출국하면서

ME   Hi.

SHE   Good morning, sir. Let me see your passport.

ME   Ah, here it is.

SHE   Thank you. Do you want a window seat or an aisle seat?

ME   A window seat, please.

SHE   Okay. Do you have baggage to check in?

ME   Yes. I have two pieces of baggage.

SHE   Here is your passport and boarding pass. Your gate number is 32 and boarding time is seven fifteen. Have a nice flight, sir.

ME   Thank you.

나	안녕하세요.
그녀	좋은 아침입니다. 여권 주세요.
나	아, 예, 여기 있습니다.
그녀	감사합니다. 창가 쪽 원하세요 통로 쪽 원하세요?
나	창가 쪽으로 주세요.
그녀	알겠습니다. 부치실 짐 있나요?
나	예. 두 개 있어요.
그녀	여기 여권과 탑승권 있습니다. 게이트는 32번이고 탑승시간은 7시 15분입니다. 즐거운 여행 되세요.
나	감사합니다.

Let me ~ 내가 ~하게 해주세요 | a window seat 창가 쪽 좌석 | an aisle seat 통로 쪽 좌석 | baggage 짐, 수하물 | check in ~을 부치다 | passport 여권 | boarding pass 탑승권 | boarding time 탑승시간

발음을 익혀볼까요?

발음법칙 ①

자음이 충돌하면 앞 자음의 발음이 순간 끊어지면서 소리 나지 않는다.

발음법칙 ②

자음과 모음이 이어지면 자음의 발음이 살아난다.

발음법칙 ③

[n]과 [t]가 연이어 나오면 [t]발음이 흔히 생략된다.

발음법칙 ④

[t]가 모음 사이에서는 [r]로 바뀌어 발음된다.

 다음 문장들을 발음법칙에 입각해서 정확히 크게 소리 내어 열 번 이상 읽으세요.

1. Let me see your passport.
   ☞ 적용 발음법칙 : ①

2. Do you want a window seat or an aisle seat?
   ☞ 적용 발음법칙 : ③ ④ ②

3. Do you have baggage to check in?
   ☞ 적용 발음법칙 : ① ②

문장의 억양을 익혀볼까요?

한 문장의 억양은 특정한 어휘들에 붙는 강세와 약세의 현상을 의미한다.

억양의 법칙 ①
문장의미를 주도하는 명사, 일반동사, 형용사, 부사 등에 강세가 붙는다.

억양의 법칙 ②
be 동사, 전치사, 관사, 접속사 등에는 일반적으로 강세가 붙지 않는다.

억양의 법칙 ③
화자의 의지에 따라서 be 동사, 전치사, 관사 등의 의미를 강조해서 말하고 싶다면 그런 품사들에게 강세가 들어갈 수 있다.

 다음 문장들을 억양의 법칙에 입각해서 정확히 크게 소리 내어 열 번 이상 읽으세요.

1. Let me see your passport.

2. Do you want a window seat or an aisle seat?

3. Do you have baggage to check in?

4. I have two pieces of baggage.

5. Your gate number is 32 and boarding time is seven fifteen.

6. Have a nice flight.

> 패턴을 익혀볼까요?

Let me

활용도가 가장 높은 패턴입니다. let의 근본 의미는 '허락하다'입니다. 그래서 Let me ~는 '내가 ~을 하게 해달라', '내가 ~을 하게 가만 놔둬달라' 등의 의미로 허락을 구하는 패턴이지요. Let me 다음에 동사원형이 나오는 이유는 '지금 당장 하게 해달라'는 의미를 전하기 때문입니다.

* *Let me*   help you.
               handle it
               ask you this
               apologize
               drive
               finish lunch

 패턴 해석

내가 도와줄게. | 그 일은 내가 알아서 처리할게. | 너한테 이거 좀 묻자. | 내가 사과할게. | 운전 내가 할게. | 점심 마저 다 먹고.

> 표현을 익혀볼까요?

1. Here it is.
여기 있습니다.

상대가 원하는 물건을 전해주면서 사용하는 말입니다. 같은 상황에서 사용할 수 있는 표현으로는 다음의 것들이 있습니다.

① Here you are.
② Here you go.
③ There you are.
④ There you go.

2. Do you have baggage to check in?
부칠 짐 있어요?

check in baggage라고 하면 '짐을 부치다'가 됩니다. 이것을 baggage to check in 즉, '부칠 짐'으로 표현하고 있습니다. baggage는 셀 수 있는 명사가 아니라서 a piece of baggage, two pieces of baggage 등으로 표현하게 됩니다.

1. I have no baggage to check in.
2. I have just one piece of baggage to check in.
1. 전 부칠 짐 없어요. 2. 부칠 짐은 딱 하나 있어요.

3. Have a nice flight.
즐거운 여행 되세요.

flight에는 '비행기편'이란 의미가 있지만 '비행기 여행'이라는 의미도 포함되어 있어서 이 표현을 즐겨 사용합니다.

03 | 입국심사
외국에 입국하면서

ME   Hi.

SHE   Hello. What's the purpose of visiting New York?

ME   Just for fun.

SHE   Do you have any relatives here?

ME   My brother's living here.

SHE   So you're going to stay in your brother's house while you're here?

ME   Yes. I'll be there for two weeks.

SHE   Is this your first visit?

ME   No. I've been here twice.

SHE   Enjoy your stay in New York.

ME   Thank you.

나	안녕하세요.
그녀	안녕하세요. 뉴욕방문의 목적이 뭔가요?
나	관광차 왔습니다.
그녀	여기에 친척이 있나요?
나	제 동생이 여기에 삽니다.
그녀	그러면 여기 머무는 동안 동생분 댁에서 지내시나요?
나	예. 2주 동안 있을 겁니다.
그녀	이번이 첫 방문인가요?
나	아닙니다. 전에 두 번 온 적 있습니다.
그녀	뉴욕에서 즐거운 시간 보내세요.
나	감사합니다.

purpose 목적 | for fun 즐기기 위해서, 관광차 | relative 친척 | while ~하는 동안에 | twice 두 번 | stay 머무름, 방문

발음을 익혀볼까요?

발음법칙 ①
자음이 충돌하면 앞 자음의 발음이 순간 끊어지면서 소리 나지 않는다.

발음법칙 ②
자음과 모음이 이어지면 자음의 발음이 살아난다.

발음법칙 ③
[n]과 [t]가 연이어 나오면 [t]발음이 흔히 생략된다.

발음법칙 ④
[t]가 모음 사이에서는 [r]로 바뀌어 발음된다.

다음 문장들을 발음법칙에 입각해서 정확히 크게 소리 내어 열 번 이상 읽으세요.

1. What's the purpose of visiting New York?
☞ **적용 발음법칙** : ② ① ④

2. Just for fun.
☞ **적용 발음법칙** : ①

3. Do you have any relatives here?
☞ **적용 발음법칙** : ②

문장의 억양을 익혀볼까요?

한 문장의 억양은 특정한 어휘들에 붙는 강세와 약세의 현상을 의미한다.

억양의 법칙 ①
문장의미를 주도하는 명사, 일반동사, 형용사, 부사 등에 강세가 붙는다.

억양의 법칙 ②
be 동사, 전치사, 관사, 접속사 등에는 일반적으로 강세가 붙지 않는다.

억양의 법칙 ③
화자의 의지에 따라서 be 동사, 전치사, 관사 등의 의미를 강조해서 말하고 싶다면 그런 품사들에게 강세가 들어갈 수 있다.

 다음 문장들을 억양의 법칙에 입각해서 정확히 크게 소리 내어 열 번 이상 읽으세요.

1. What's the purpose of visiting New York?
2. Just for fun.
3. I'll be there for two weeks.
4. Is this your first visit?
5. I've been here twice.
6. Enjoy your stay in New York.

> 패턴을 익혀볼까요?

I've been   '나는 과거에 ~의 상태에 놓여본 적이 있다'는 의미의 패턴입니다. 그런데 그 뒤에 장소를 나타내는 부사나 부사구가 나오면 '그 곳에 다녀온 적이 있다'던지, '그 곳에 있었던 적이 있다'는 의미를 전하게 됩니다. 역시 활용도가 대단히 높은 패턴입니다.

* *I've been*　　　here twice.
　　　　　　　　to New York just once
　　　　　　　　to many foreign countries
　　　　　　　　there before
* *I've never been*　there.
　　　　　　　　to Europe
　　　　　　　　to Canada

 패턴 해석

여기 두 번 온 적 있어요. | 뉴욕에 딱 한 번 다녀왔어. | 난 외국 여러 나라에 가본 적 있어. | 나 전에 거기 가본 적 있어. | 난 거기 한 번도 가본 적 없는데. | 난 유럽에 가본 적 없어. | 나 캐나다에 가본 적 없거든.

표현을 익혀볼까요?

1. Just for fun.
관광차 왔습니다.

fun은 명사로 쓰여서 '재미'의 뜻을 갖습니다. 결국 Just for fun은 "재미를 위해서"이지요. 이것을 "관광차"로 이해하는 것입니다.

For pleasure. | For sightseeing. | On business. | Just for a visit.
관광차. | 관광차. | 사업차. | 방문차.

2. You're going to stay in your brother's house while you're here?
여기에 계시는 동안 동생분 댁에서 머무시나요?

be going to는 '확실한 미래'를 말할 때 사용합니다. while you're here는 '당신이 여기에 있는 동안'이지요.

1. I'm going to stay in his house.
2. It's going to rain tomorrow.
1. 난 개 집에서 머물 거야. 2. 내일은 비가 올 확률이 높습니다.

3. I'll be there for two weeks.
거기에서 아마 2주 동안 머물 겁니다.

will은 '순간적인 강한 의지', '불확실한 미래' 등을 말할 때 사용합니다. 후자의 경우에는 '아마도'를 넣어서 해석하는 것이 좋습니다.

1. I'll do it myself.
2. I'll go to New York next year.
3. It will rain tomorrow.
1. 내가 직접 할게. 2. 내년에 뉴욕 가려고. 3. 아마 내일 비가 올 수도 있겠습니다.

04 | 외국에 입국하면서
수하물 찾기

ME   Excuse me.

HE   Yes?

ME   Where is the baggage claim area?

HE   Just go straight and you can find the escalators.

ME   I should take the escalator down to the first floor?

HE   That's right. You can't miss the area.

ME   Thank you.

HE   You're so welcome.

나   실례합니다.

그   예?

나   수하물 찾는 곳이 어딘가요?

그   앞으로 곧장 가세요. 에스컬레이터가 있을 겁니다.

나   그 에스컬레이터를 타고 1층으로 내려 가나요?

그   그렇습니다. 쉽게 찾을 수 있을 겁니다.

나   감사합니다.

그   별 말씀을요.

baggage claim area 수하물 찾는 곳 | go straight 곧장 가다 | should ~을 해야 하다 | floor 건물의 층 | can't miss ~을 놓칠 수 없다, ~을 쉽게 찾을 수 있다

발음을 익혀볼까요?

발음법칙 ①

자음이 충돌하면 앞 자음의 발음이 순간 끊어지면서 소리 나지 않는다.

발음법칙 ②

자음과 모음이 이어지면 자음의 발음이 살아난다.

발음법칙 ③

[n]과 [t]가 연이어 나오면 [t]발음이 흔히 생략된다.

발음법칙 ④

[t]가 모음 사이에서는 [r]로 바뀌어 발음된다.

 다음 문장들을 발음법칙에 입각해서 정확히 크게 소리 내어 열 번 이상 읽으세요.

1. Just go straight and you can find the escalators.
☞ **적용 발음법칙** : ① ④ ① ① ④

2. I should take the escalator down to the first floor?
☞ **적용 발음법칙** : ① ① ④ ①

3. You can't miss the area.
☞ **적용 발음법칙** : ③[①]

문장의 억양을 익혀볼까요?

한 문장의 억양은 특정한 어휘들에 붙는 강세와 약세의 현상을 의미한다.

억양의 법칙 ①
문장의미를 주도하는 명사, 일반동사, 형용사, 부사 등에 강세가 붙는다.

억양의 법칙 ②
be 동사, 전치사, 관사, 접속사 등에는 일반적으로 강세가 붙지 않는다.

억양의 법칙 ③
화자의 의지에 따라서 be 동사, 전치사, 관사 등의 의미를 강조해서 말하고 싶다면 그런 품사들에게 강세가 들어갈 수 있다.

 다음 문장들을 억양의 법칙에 입각해서 정확히 크게 소리 내어 열 번 이상 읽으세요.

1. <u>Where</u> is the <u>baggage</u> <u>claim</u> <u>area</u>?

2. Just <u>go</u> <u>straight</u> and you can <u>find</u> the <u>escalators</u>.

3. I should <u>take</u> the <u>escalator</u> <u>down</u> to the <u>first</u> <u>floor</u>?

4. You <u>can't</u> <u>miss</u> the <u>area</u>.

패턴을 익혀볼까요?

You can't '너는 ~을 할 가능성이 없다', '네가 ~을 해서는 안 된다' 등의 의미를 전하는 패턴입니다. 조동사 can에 '가능성'과 '허락'의 의미가 포함되어 있기 때문에 그렇습니다.

* *You can't*   miss the area.
　　　　　　　deal with that
　　　　　　　be serious
　　　　　　　show up in a cab
　　　　　　　keep calling me every five minutes

 패턴 해석

그 지역은 쉽게 찾을 수 있어. | 넌 그것을 감당해낼 수가 없어. | 너 설마 진심으로 그러는 건 아니겠지. | 너 택시를 타고 나타나면 안 되는 거야. | 5분마다 계속 전화를 걸면 어쩌자는 거야 지금.

표현을 익혀볼까요?

1. Where is the baggage claim area?
수하물 찾는 곳이 어딘가요?

area를 쓰지 않고 baggage claim만 써도 똑 같은 의미가 됩니다. 또한 baggage reclaim이라고도 말합니다.

2. I should take the escalator down to the first floor?
그 에스컬레이터를 타고 아래 1층으로 내려가야 되나요?

take the escalator는 '에스컬레이터를 타다'의 의미를 전합니다. down은 '아래로'의 의미를 전하는 방향 부사입니다. to the first floor 는 '1층까지'를 의미합니다.

3. You can't miss the area.
그 지역을 쉽게 찾을 수 있다.

직역하면 "그 지역을 놓치고 그냥 지나칠 수가 없다"입니다. 그만큼 쉽게 찾을 수 있다는 의미가 되는 것입니다.

4. You're so welcome.
천만에요. 별말씀을요.

고맙다는 상대방의 말에 정중하게 대꾸하는 말입니다. 같은 의미로 You're most welcome을 흔히 사용합니다.

05 | 세관신고
외국에 입국하면서

- **ME**   Hi.
- **HE**   Hi. Anything to declare?
- **ME**   I don't think so.
- **HE**   Can you open your baggage?
- **ME**   Sure.
- **HE**   What is this?
- **ME**   Oh, this is a box of various pills and medicine. I need to take them every day. Should I open it?
- **HE**   No, you don't have to.
- **ME**   Thank you.
- **HE**   Enjoy your stay.
- **ME**   Thank you.

나	안녕하세요.

그	안녕하십니까. 신고하실 거 있나요?

나	없습니다.

그	가방을 좀 열어보시겠어요?

나	그러죠.

그	이건 뭡니까?

나	아, 이건 여러 가지 약이 담긴 상자입니다. 매일 복용해야 되거든요. 열어볼까요?

그	아니요, 그러실 필요 없습니다.

나	감사합니다.

그	즐거운 여행 되십시오.

나	감사합니다.

declare 세관에 과세물품을 신고하다 | various 다양한 | pill 알약 | medicine 물약 | take 약을 복용하다 | don't have to ~을 할 필요는 없다

발음을 익혀볼까요?

발음법칙 ①
자음이 충돌하면 앞 자음의 발음이 순간 끊어지면서 소리 나지 않는다.

발음법칙 ②
자음과 모음이 이어지면 자음의 발음이 살아난다.

발음법칙 ③
[n]과 [t]가 연이어 나오면 [t]발음이 흔히 생략된다.

발음법칙 ④
[t]가 모음 사이에서는 [r]로 바뀌어 발음된다.

 다음 문장들을 발음법칙에 입각해서 정확히 크게 소리 내어 열 번 이상 읽으세요.

1. I don't think so.
 ☞ 적용 발음법칙 : ③ ① ①

2. This is a box of various pills and medicine.
 ☞ 적용 발음법칙 : ② ② ② ① ② ①

3. I need to take them every day.
 ☞ 적용 발음법칙 : ① ①

문장의 억양을 익혀볼까요?

한 문장의 억양은 특정한 어휘들에 붙는 강세와 약세의 현상을 의미한다.

억양의 법칙 ①
문장의미를 주도하는 명사, 일반동사, 형용사, 부사 등에 강세가 붙는다.

억양의 법칙 ②
be 동사, 전치사, 관사, 접속사 등에는 일반적으로 강세가 붙지 않는다.

억양의 법칙 ③
화자의 의지에 따라서 be 동사, 전치사, 관사 등의 의미를 강조해서 말하고 싶다면 그런 품사들에게 강세가 들어갈 수 있다.

 다음 문장들을 억양의 법칙에 입각해서 정확히 크게 소리 내어 열 번 이상 읽으세요.

1. <u>Anything</u> to <u>declare</u>?
2. I <u>don't</u> <u>think</u> <u>so</u>.
3. Can you <u>open</u> your <u>baggage</u>?
4. <u>This</u> is a <u>box</u> of <u>various</u> <u>pills</u> and <u>medicine</u>.
5. I <u>need</u> to <u>take</u> them <u>every</u> <u>day</u>.
6. You <u>don't</u> <u>have</u> to.

> 패턴을 익혀볼까요?

Can you

'~을 해주시겠습니까?'의 의미로서 상대에게 '부탁'할 때 사용하는 패턴입니다. 단순한 '부탁'뿐 아니라 상대가 그렇게 해줄 수 있는지 그 '가능성'의 의미까지 포함합니다.

* *Can you*   open your baggage?
               do it for me
               get the door for me
               help me
               hold this for a moment

 패턴 해석

가방을 좀 열어주시겠습니까? | 그걸 내 대신 좀 해줄 수 있겠어? | 문을 좀 잡아줄 수 [닫아줄 수|열어줄 수] 있겠어요? | 나 좀 도와줄래? | 이것 좀 잠깐 들어 줄 수 있어?

표현을 익혀볼까요?

1. Anything to declare?
신고할 물건 있나요?

완전한 문장은 Do you have anything to declare? 입니다. 완전한 문장을 알고 난 이후에 생략된 문장을 기억해두는 것이 좋습니다.

2. I don't think so. 그런 것 같지 않은데요.

상대의 질문에 약간 우회적으로 답하는 표현입니다. No라고 답하면 너무 강한 느낌을 전달하기 때문에 부드러운 느낌으로 '거절', 또는 '반대의사'를 표명하는 것입니다. Not that I know of. 라는 말이 있습니다. "더 조사해보면 내 말이 틀릴 수도 있겠지만 현재까지 내가 알고 있는 바로는 그건 아닙니다"라는 의미를 전하는 말입니다.

3. I need to take them every day.
그것들을 매일 복용해야 합니다.

need to는 '꼭 ~을 해야 할 필요가 있다'는 의미이고 take는 '약을 복용하다'의 의미로 쓰이고 있습니다.

4. You don't have to.
그럴 필요는 없어요.

have to ~가 '상황이나 강요에 의해서 꼭 그렇게 해야 되다'의 의미이기 때문에 don't have to ~는 '그런 상황이나 강요가 있는 것은 아니므로 꼭 그렇게 할 필요는 없다'의 의미를 전합니다.

06 | 비행기 안에서
추워서 추가 담요를 부탁할 때

ME   Excuse me.
SHE   Yes, ma'am.
ME   I feel a little cold.
SHE   Oh, do you? I'll bring you another blanket.
ME   Thank you.
SHE   Here it is.
ME   Thank you. Can I have a glass of warm water?
SHE   Yes. I'll be back in a second.
ME   Thank you.
SHE   Here you are.
ME   Thank you.

나	저기요.
그녀	예.
나	약간 추워서요.
그녀	그러세요? 담요를 하나 더 가져다 드리겠습니다.
나	감사합니다.
그녀	여기 있습니다.
나	고마워요. 따뜻한 물 한 잔 마실 수 있을까요?
그녀	그럼요. 곧 가져 오겠습니다.
나	감사합니다.
그녀	여기 있습니다.
나	감사합니다.

a little 약간 | bring 가지고 오다 | blanket 담요 | have 마시다 | a glass of ~ 한 잔 | warm water 따뜻한 물 | be back 돌아오다 | in a second 잠시 후에

발음을 익혀볼까요?

발음법칙 ①
자음이 충돌하면 앞 자음의 발음이 순간 끊어지면서 소리 나지 않는다.

발음법칙 ②
자음과 모음이 이어지면 자음의 발음이 살아난다.

발음법칙 ③
[n]과 [t]가 연이어 나오면 [t]발음이 흔히 생략된다.

발음법칙 ④
[t]가 모음 사이에서는 [r]로 바뀌어 발음된다.

 다음 문장들을 발음법칙에 입각해서 정확히 크게 소리 내어 열 번 이상 읽으세요.

1. I feel a little cold.
☞ 적용 발음법칙 : ② ④

2. Can I have a glass of warm water?
☞ 적용 발음법칙 : ② ② ② ① ④

3. I'll be back in a second.
☞ 적용 발음법칙 : ② ②

문장의 억양을 익혀볼까요?

한 문장의 억양은 특정한 어휘들에 붙는 강세와 약세의 현상을 의미한다.

억양의 법칙 ①

문장의미를 주도하는 명사, 일반동사, 형용사, 부사 등에 강세가 붙는다.

억양의 법칙 ②

be 동사, 전치사, 관사, 접속사 등에는 일반적으로 강세가 붙지 않는다.

억양의 법칙 ③

화자의 의지에 따라서 be 동사, 전치사, 관사 등의 의미를 강조해서 말하고 싶다면 그런 품사들에게 강세가 들어갈 수 있다.

 다음 문장들을 억양의 법칙에 입각해서 정확히 크게 소리 내어 열 번 이상 읽으세요.

1. I <u>feel</u> a <u>little cold</u>.

2. I'll <u>bring</u> you <u>another</u> <u>blanket</u>.

3. <u>Here</u> it <u>is</u>.

4. Can I <u>have</u> a <u>glass</u> of <u>warm</u> <u>water</u>?

5. I'll be <u>back</u> in a <u>second</u>.

패턴을 익혀볼까요?

I feel

'~의 기분이 들다', '~의 느낌이 느껴지다', '~이 느껴지다' 등의 의미를 전하는 패턴입니다. 흔히 뒤에 형용사가 이어지지만 명사가 오는 경우도 있습니다. 활용예문들을 정확히 기억해서 활용해보세요.

* *I feel*   a little cold.
  hungry
  comfortable
  good
  some pain on my back

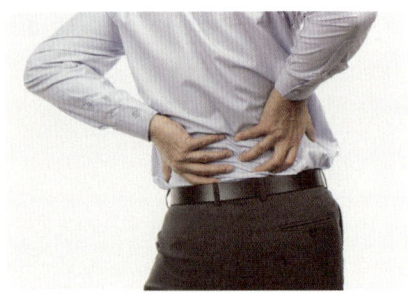

 패턴 해석

약간 추운데요. | 배가 고픈걸. | 편안한데. | 기분 좋아. | 등에 약간 통증이 있어.

표현을 익혀볼까요?

1. I'll bring you another blanket.
담요를 하나 더 갖다 드리겠습니다.

동사 bring은 '가지고 오다'의 의미를 갖습니다. 그리고 another는 '하나 더'의 느낌이지요. '현재 있는 것에서 하나 더'를 뜻합니다. 그런가 하면 another hour는 '한 시간 더'를 의미합니다. 이제껏 해 온 시간에 '한 시간을 더 추가로'의 느낌입니다. 그래서 Should I wait for another hour? 라고 하면 "한 시간을 더 기다려야 되는 거야?"로 이해합니다.

2. Can I have a glass of warm water?
따뜻한 물 한 잔 마실 수 있을까요?

Can I ~? 구문은 '부탁'할 때 흔히 사용합니다. '~할 수 있을까요?'를 뜻하지요. 동사 have는 '마시다'의 의미로 쓰이고 있습니다. water는 셀 수 없기 때문에 보통 some water, a glass of water 등으로 표현합니다. 셀 수 없는 명사로는 대표적으로 advice, baggage 등이 있죠. 이것들은 a piece of advice, a piece of baggage 등으로 표현합니다. '충고 한 마디', '가방 한 개'로 이해합니다.

3. I'll be back in a second.
곧 돌아올게요.

be back은 '돌아오다'의 의미이며 in a second는 '곧', '잠시 후에' 등을 의미합니다.

07 | 먹을 것을 부탁할 때
비행기 안에서

ME   Excuse me.
SHE   Yes, sir. What can I do for you?
ME   Can I have some coke/wine/milk?
SHE   Sure. I'll be right back.
ME   Thank you.
SHE   There you are, sir. Do you need anything else?
ME   When is dinner being served?
SHE   It's being served in 30 minutes, sir.
ME   Thank you.
SHE   You're welcome.

나	저기요.
그녀	예. 뭘 도와드릴까요?
나	콜라/와인/우유를 좀 마실 수 있을까요?
그녀	그럼요. 바로 가져다 드리겠습니다.
나	감사합니다.
그녀	여기 있습니다. 다른 거 또 필요하신 거 있습니까?
나	저녁은 언제 나와요?
그녀	30분 후에 나올 겁니다.
나	감사합니다.
그녀	별말씀을요.

have 마시다 | be right back 바로 돌아오다 | anything else 그 밖의 다른 것 | being served 서빙되고 있는, 서빙될 예정인 | in 30 minutes 30분 후에

발음을 익혀볼까요?

발음법칙 ①

자음이 충돌하면 앞 자음의 발음이 순간 끊어지면서 소리 나지 않는다.

발음법칙 ②

자음과 모음이 이어지면 자음의 발음이 살아난다.

발음법칙 ③

[n]과 [t]가 연이어 나오면 [t]발음이 흔히 생략된다.

발음법칙 ④

[t]와 [d]는 모음 사이에서는 [r]로 바뀌어 발음된다.

 다음 문장들을 발음법칙에 입각해서 정확히 크게 소리 내어 열 번 이상 읽으세요.

1. What can I do for you?
☞ **적용 발음법칙** : ① ②

2. Do you need anything else?
☞ **적용 발음법칙** : ④

3. It's being served in 30 minutes.
☞ **적용 발음법칙** : ②

문장의 억양을 익혀볼까요?

한 문장의 억양은 특정한 어휘들에 붙는 강세와 약세의 현상을 의미한다.

억양의 법칙 ①
문장의미를 주도하는 명사, 일반동사, 형용사, 부사 등에 강세가 붙는다.

억양의 법칙 ②
be 동사, 전치사, 관사, 접속사 등에는 일반적으로 강세가 붙지 않는다.

억양의 법칙 ③
화자의 의지에 따라서 be 동사, 전치사, 관사 등의 의미를 강조해서 말하고 싶다면 그런 품사들에게 강세가 들어갈 수 있다.

다음 문장들을 억양의 법칙에 입각해서 정확히 크게 소리 내어 열 번 이상 읽으세요.

1. <u>What</u> can I <u>do</u> for you?

2. Can I <u>have</u> some <u>coke</u>/<u>wine</u>/<u>milk</u>?

3. I'll be <u>right</u> <u>back</u>.

4. Do you <u>need</u> <u>anything</u> <u>else</u>?

5. <u>When</u> is <u>dinner</u> being <u>served</u>?

6. It's being <u>served</u> in <u>30</u> <u>minutes</u>.

> 패턴을 익혀볼까요?

I will

순간적인 결심을 말할 때 사용하는 패턴입니다. '내가 ~을 하겠다'는 의지의 표현이지요. 순간적이기 때문에 최고조에 달한 의지의 표현이라고 볼 수 있습니다. 그 부작용은 나중에 그 의지가 변할 가능성이 충분하다는 겁니다.

I will
be right back.
be with you in a moment
handle it
treat you to coffee
check it out
see what I can do

 패턴 해석

금방 돌아올게. | 잠깐만 기다려. 금방 갈게. | 그건 내가 처리할게. | 내가 커피 한잔 살게. | 그건 내가 확인해볼게. | 하는 데 까지는 최대한 해볼게.

> 표현을 익혀볼까요?

1. What can I do for you?

무엇을 도와드릴까요?

직역하면 "내가 당신을 위해서 무엇을 할 수 있을까?"입니다. 이것을 "무엇을 도와드릴까요?"라고 의역하는 것이지요. 같은 의미로 What can I help you? 또는 우리에게 매우 익숙한 May I help you? 를 사용할 수 있습니다.

2. I'll be right back.

금방 다시 올게.

be back은 '돌아오다'입니다. 여기에 강조부사 right가 들어가서 '바로 돌아오다'의 의미를 전하게 됩니다. right 대신에 soon을 넣어서 I'll be back soon이라고 표현하기도 합니다.

3. When is dinner being served?

저녁은 언제 나오나요?

과거분사인 served은 형용사입니다. 형용사의 진행형은 바로 앞에 being을 붙이게 되지요. 그래서 be being served가 되면 '지금 서빙되고 있는 중이다', 또는 '앞으로 서빙될 것이다'의 의미를 전합니다. 진행형이 미래를 나타낼 때가 있기 때문이지요. 이미 정해진 가까운 미래를 말할 때 진행형으로 표현합니다. 결국 본문은 "언제 저녁이 서빙되는 건가요?"로 이해합니다.

08 | 비행기 안에서
헤드폰을 교체해 달라고 부탁할 때

ME   Excuse me.

SHE   How may I help you, sir?

ME   My headphones are not working at all.

SHE   Sorry. I'll change them for you. Is there anything else you want, sir?

ME   I feel a little hungry.

SHE   Oh, do you? How about some cookies, sir?

ME   Sounds good.

SHE   I'll be with you in a minute, sir.

ME   Thank you.

HE   You're welcome.

나	저기요.
그녀	뭘 도와드릴까요?
나	헤드폰이 전혀 작동이 안되네요.
그녀	죄송합니다. 바꿔드리겠습니다. 다른 거 또 원하시는 것 있나요?
나	배가 좀 고파요.
그녀	아, 그러세요? 그러면 쿠키를 좀 드릴까요?
나	좋아요.
그녀	잠깐만 기다리세요. 바로 가져다 드리겠습니다.
나	감사합니다.
그녀	별말씀을요.

work 작동하다 | not at all 전혀 아닌 | change 바꾸다 | feel hungry 시장기를 느끼다 | How about ~? ~이 어때? | sound ~한 상태로 들리다 | in a minute 잠시 후에

발음을 익혀볼까요?

발음법칙 ①
자음이 충돌하면 앞 자음의 발음이 순간 끊어지면서 소리 나지 않는다.

발음법칙 ②
자음과 모음이 이어지면 자음의 발음이 살아난다.

발음법칙 ③
[n]과 [t]가 연이어 나오면 [t]발음이 흔히 생략된다.

발음법칙 ④
[t]와 [d]는 모음 사이에서는 [r]로 바뀌어 발음된다.

 다음 문장들을 발음법칙에 입각해서 정확히 크게 소리 내어 열 번 이상 읽으세요.

1. My headphones are not working at all.
☞ **적용 발음법칙** : ① ② ① ④

2. I feel a little hungry.
☞ **적용 발음법칙** : ② ④

3. I'll be with you in a minute, sir.
☞ **적용 발음법칙** : ①[②] ② ①

문장의 억양을 익혀볼까요?

한 문장의 억양은 특정한 어휘들에 붙는 강세와 약세의 현상을 의미한다.

억양의 법칙 ①

문장의미를 주도하는 명사, 일반동사, 형용사, 부사 등에 강세가 붙는다.

억양의 법칙 ②

be 동사, 전치사, 관사, 접속사 등에는 일반적으로 강세가 붙지 않는다.

억양의 법칙 ③

화자의 의지에 따라서 be 동사, 전치사, 관사 등의 의미를 강조해서 말하고 싶다면 그런 품사들에게 강세가 들어갈 수 있다.

 다음 문장들을 억양의 법칙에 입각해서 정확히 크게 소리 내어 열 번 이상 읽으세요.

1. <u>How</u> may I <u>help</u> you?

2. My <u>headphones</u> are <u>not</u> <u>working</u> at <u>all</u>.

3. I'll <u>change</u> <u>them</u> for you.

4. Is there <u>anything</u> <u>else</u> you <u>want</u>?

5. I <u>feel</u> a <u>little</u> <u>hungry</u>.

6. I'll <u>be</u> with you in a <u>minute</u>.

패턴을 익혀볼까요?

Sounds '상대방이 한 말이 ~한 상태로 들리다'의 의미를 전하는 패턴입니다. sound는 감각동사로 분류되지요. 형식으로 따지면 〈주어+동사+보어〉를 이루는 2형식 동사라고도 말합니다.

* *Sounds* good.
  far-fetched
  ridiculous
  perfect
  so lame

 패턴 해석

그렇게 하면 좋겠네. | 정말 터무니 없는 소리 하고 있네. | 웃기는 소리하고 있어 정말. | 그거 완벽한걸. | 그거 정말 설득력 없고 변변치 않게 들리는 거 알아?

> 표현을 익혀볼까요?

1. How may I help you?
무엇을 도와드릴까요?

직역하면 "제가 당신을 어떻게 도와드릴 수 있을까요?"가 됩니다. 이것을 What can I do for you?와 같은 의미로 사용하는 것입니다. 우리에게는 익숙하지 않은 표현이지만 활용도는 대단히 높습니다.

2. My headphones are not working.
내 헤드폰이 작동을 제대로 하지 않네요.

헤드폰은 귀가 두 개이기 때문에 항상 복수형을 써서 headphones라고 해야 합니다. 동사 work는 '일하다'가 아니라 '작동하다'의 의미로 쓰이고 있습니다.

3. Is there anything else you want?
원하는 거 다른 게 있는가?

anything else는 '그밖에 다른 것'을 의미합니다. else는 부사로서 '그밖에 다른'의 의미를 갖습니다.

4. How about some cookies?
쿠키는 어때?

How about ~? 은 뭔가를 제안할 때 '~는 어때?'의 의미로 사용됩니다. 셀 수 있는 것과 없는 것의 '어느 정도의 양'을 말할 때는 some을 이용합니다.

09 | 비행기 안에서
안내방송 이해하기

Captain　　　　　　Ladies and gentlemen. This is your captain speaking. We've got a report of some turbulence ahead. Please return to your seats and fasten your seat belts and remain there until we release the fasten-your-seat-belt sign.

Flight Attendant　　The captain is anticipating turbulence and has turned on the fasten seat belt sign. Kindly return to your seats.

기장	기내에 계신 여러분. 여러분을 목적지까지 안전하게 모시고 갈 기장입니다. 지금 우리 비행기 앞에 난기류가 있다는 보고를 받았습니다. 여러분 각자의 자리로 돌아가셔서 안전벨트를 매시고 안전벨트 착용신호가 꺼질 때까지 자리에 앉아계시기 바랍니다.
스튜어디스	기장이 난기류를 예상하고 안전벨트 착용신호를 켰습니다. 각자의 자리로 돌아가 앉으시기 바랍니다.

report 보고서 | turbulence 난기류 | ahead 앞에 | return to ~로 돌아가다 | fasten 단단히 조이다 | remain 남아 있다 | release 풀어주다, 없애다 | anticipate 기대하다, 예상하다 | turn on ~을 켜다

발음을 익혀볼까요?

발음법칙 ①

자음이 충돌하면 앞 자음의 발음이 순간 끊어지면서 소리 나지 않는다.

발음법칙 ②

자음과 모음이 이어지면 자음의 발음이 살아난다.

발음법칙 ③

[n]과 [t]가 연이어 나오면 [t]발음이 흔히 생략된다.

발음법칙 ④

[t]와 [d]는 모음 사이에서는 [r]로 바뀌어 발음된다.

 다음 문장들을 발음법칙에 입각해서 정확히 크게 소리 내어 열 번 이상 읽으세요.

1. We've got a report of some turbulence ahead.
☞ 적용 발음법칙 : ① ④ ② ① ②

2. Please return to your seats and fasten your seat belts.
☞ 적용 발음법칙 : ② ① ①

3. The captain is anticipating turbulence.
☞ 적용 발음법칙 : ② ② ④

문장의 억양을 익혀볼까요?

한 문장의 억양은 특정한 어휘들에 붙는 강세와 약세의 현상을 의미한다.

억양의 법칙 ①
문장의미를 주도하는 명사, 일반동사, 형용사, 부사 등에 강세가 붙는다.

억양의 법칙 ②
be 동사, 전치사, 관사, 접속사 등에는 일반적으로 강세가 붙지 않는다.

억양의 법칙 ③
화자의 의지에 따라서 be 동사, 전치사, 관사 등의 의미를 강조해서 말하고 싶다면 그런 품사들에게 강세가 들어갈 수 있다.

 다음 문장들을 억양의 법칙에 입각해서 정확히 크게 소리 내어 열 번 이상 읽으세요.

1. This is your captain speaking.
2. We've got a report of some turbulence ahead.
3. Please return to your seats and fasten your seat belts.
4. Remain there until we release the fasten-your-seat-belt sign.
5. The captain is anticipating turbulence.

> 패턴을 익혀볼까요?

turn on   '돌려서 켜다'의 의미를 갖고 있습니다. on이 '켜진 상태'를 의미하지요. 단지 '불을 켜다'에만 사용되는 것이 아니라 '샤워를 틀다', '전화를 켜다' 등의 상황에서도 사용할 수 있습니다.

* He has *turned on* the fasten seat belt sign.

  Turn on your laptop.

  I *turned on* my cell phone and it bleeped with incoming texts.

  The shower was *turned on* full force.

 패턴 해석

그는 안전벨트 착용신호를 켰다. | 노트북을 켜봐. | 나는 휴대전화를 켰고 들어오는 문자메시지 소리로 삑 소리가 계속 났다. | 샤워기는 최대한으로 틀어져 있었어.

> 표현을 익혀볼까요?

1. This is your captain speaking.
여러분의 기장입니다.

전화나 안내방송에서 자신이 누구임을 밝힐 때 주어로 흔히 this를 이용합니다. I am ~이라고 하면 일방적으로 자기소개를 하는 꼴이 되어서 어울리지 않습니다. 마지막에 speaking을 쓴다는 사실을 기억하세요.

2. We've got a report of some turbulence ahead.
앞에 난기류가 있다는 보고를 받았습니다.

report는 '보고'이며 turbulence는 '난기류'에 해당됩니다. 위치상으로 뭔가가 앞에 있을 때는 ahead를 이용합니다.

3. Please return to your seats and fasten your seat belts.
좌석으로 돌아가셔서 안전벨트를 착용하세요.

명령이 아닌 부탁이기 때문에 Please를 넣어야 합니다. 동사 fasten은 '매다', '단단히 조이다' 등의 의미를 갖습니다.

4. The captain is anticipating turbulence.
기장이 난기류를 예상하고 있습니다.

동사 anticipate는 '예상하다', '기대하다' 등의 의미입니다.

10 | 공항 내에서
비행기가 연착할 때

ME   Excuse me.

SHE   Yes, ma'am. What can I do for you?

ME   My flight to Detroit is being delayed too long.

SHE   Sorry, ma'am. It's being delayed because of the severe weather.

ME   When can it leave?

SHE   I'm not sure, ma'am, but I'm afraid it can leave in about two hours.

ME   About two hours? I should transfer at Detroit for a flight to Seoul in two hours.

SHE   Sorry, ma'am. There's nothing I can help you with here, ma'am. Sorry.

나	저기요.
그녀	예, 뭘 도와드릴까요?
나	디트로이트 행 비행기가 너무 오래 지연되네요.
그녀	죄송합니다. 험한 날씨 때문에 지연되고 있습니다.
나	언제 출발할 수 있을까요?
그녀	정확히는 모르겠지만 약 두 시간 후면 떠날 수 있지 않을까요.
나	약 두 시간이요? 저는 디트로이트에서 서울 가는 비행기로 두 시간 후에 갈아타야 되는데요.
그녀	죄송합니다. 여기에서는 도와드릴 수 있는 게 하나도 없네요. 죄송합니다.

flight 비행기편 | delay 지연시키다 | severe weather 험한 날씨 | in about two hours 두 시간 후에 | transfer 비행기를 갈아타다

발음을 익혀볼까요?

발음법칙 ①

자음이 충돌하면 앞 자음의 발음이 순간 끊어지면서 소리 나지 않는다.

발음법칙 ②

자음과 모음이 이어지면 자음의 발음이 살아난다.

발음법칙 ③

[n]과 [t]가 연이어 나오면 [t]발음이 흔히 생략된다.

발음법칙 ④

[t]와 [d]는 모음 사이에서는 [r]로 바뀌어 발음된다.

 다음 문장들을 발음법칙에 입각해서 정확히 크게 소리 내어 열 번 이상 읽으세요.

1. My flight to Detroit is being delayed too long.
   ☞ 적용 발음법칙 : ① ②[④] ①

2. I'm afraid it can leave in about two hours.
   ☞ 적용 발음법칙 : ② ④ ① ② ② ①

3. I should transfer at Detroit for a flight to Seoul in two hours.
   ☞ 적용 발음법칙 : ① ① ① ② ① ②

문장의 억양을 익혀볼까요?

한 문장의 억양은 특정한 어휘들에 붙는 강세와 약세의 현상을 의미한다.

억양의 법칙 ①

문장의미를 주도하는 명사, 일반동사, 형용사, 부사 등에 강세가 붙는다.

억양의 법칙 ②

be 동사, 전치사, 관사, 접속사 등에는 일반적으로 강세가 붙지 않는다.

억양의 법칙 ③

화자의 의지에 따라서 be 동사, 전치사, 관사 등의 의미를 강조해서 말하고 싶다면 그런 품사들에게 강세가 들어갈 수 있다.

 다음 문장들을 억양의 법칙에 입각해서 정확히 크게 소리 내어 열 번 이상 읽으세요.

1. My flight to Detroit is being delayed too long.

2. It's being delayed because of the severe weather.

3. When can it leave?

4. I'm afraid it can leave in about two hours.

5. I should transfer at Detroit for a flight to Seoul in two hours.

6. There's nothing I can help you with here.

> 패턴을 익혀볼까요?

There's nothing

'~할 게 하나도 없는 상태이다'의 의미를 갖고 있습니다. There is 구문은 '거기에 ~이 있다'가 아니라 '~의 상태이다'를 뜻합니다. There를 절대로 '거기'라고 해석해서는 안됩니다.

* *There's nothing*

I can help you with.
I can do about that
to be afraid of
to be ashamed of
to complain about

 패턴 해석

내가 도와줄 게 하나도 없어. | 그걸 내가 어떻게 해볼 방법이 없는 거야. | 무서워할 거 없어. | 창피해할 것 없어. | 불평할 게 하나도 없어.

> 표현을 익혀볼까요?

1. My flight to Detroit is being delayed too long. 디트로이트까지 가는 제 비행기가 너무 오래 지연되고 있어요.

flight to는 '~로 향하는 비행기'의 의미입니다. be being delayed는 '지금 현재 지연되고 있다'는 의미이지요. too long처럼 too가 쓰이면 부정적인 느낌이 강합니다.

2. It's being delayed because of the severe weather. 험한 날씨 때문에 지연되고 있습니다.

because of는 '~때문에'의 의미이고 severe는 '극심한', '심각한' 등의 뜻이라서 severe weather는 '험한 날씨'로 해석합니다.

3. It can leave in about two hours.
약 두 시간 후에 출발할 수 있을 것 같습니다.

조동사 can은 '가능성'의 의미를 갖습니다. 그래서 '~일 것 같다'로 해석할 수 있지요. 현재를 시점으로 미래를 말할 때 전치사 in을 써서 '~후에'의 의미를 흔히 전합니다.

4. I should transfer at Detroit for a flight to Seoul in two hours.
두 시간 후에 디트로이트에서 서울 가는 비행기로 갈아타야 돼요.

조동사 should는 '그렇게 예정되어 있어서 반드시 해야 되다'의 의미입니다. transfer는 '비행기를 갈아타다'의 의미로 쓰이고 있습니다.

11 | 공항 내에서
비행기를 갈아탈 때

ME   What a maze!
SHE May I help you?
ME   Oh, thank you. I'm lost. I need to transfer for a flight to New York. I'm really confused.
SHE I know it's really confusing. Just follow me.
ME   Thank you so much.
SHE No problem.
ME   Do you work here?
SHE Yes. I've been working in this airport for three years.
ME   You look so happy and energetic.
SHE I'm happy with my job.
ME   Good to hear. The way you talk and look must make people happy too.
SHE Thank you.
ME   You're so welcome.

나	완전 미로야!
그녀	도와드릴까요?
나	감사합니다. 길을 잃었어요. 뉴욕 가는 비행기로 갈아타야 되거든요. 정말 헷갈리네요.
그녀	정말 혼동되죠. 저를 따라 오세요.
나	정말 고맙습니다.
그녀	별 말씀을요.
나	여기에서 일하세요?
그녀	예. 이 공항에서 일한 지 3년 됐습니다.
나	정말 밝고 에너지가 넘쳐 보이세요.
그녀	전 제가 하는 일이 좋거든요.
나	듣기 좋네요. 말씀하는 모습과 표정을 보면 같이 있는 사람들 역시 아주 기분 좋겠어요.
그녀	감사합니다.
나	별 말씀을요.

maze 미로 | transfer 비행기를 갈아타다 | confused 혼동하는 | confusing 혼동하게 만드는 | follow ~을 따라가다 | energetic 활동적인 | be happy with ~이 만족스럽다 | must ~임에 틀림 없다 | way 모습

발음을 익혀볼까요?

발음법칙 ①

자음이 충돌하면 앞 자음의 발음이 순간 끊어지면서 소리 나지 않는다.

발음법칙 ②

자음과 모음이 이어지면 자음의 발음이 살아난다.

발음법칙 ③

[n]과 [t]가 연이어 나오면 [t]발음이 흔히 생략된다.

발음법칙 ④

[t]와 [d]는 모음 사이에서는 [r]로 바뀌어 발음된다.

 다음 문장들을 발음법칙에 입각해서 정확히 크게 소리 내어 열 번 이상 읽으세요.

1. I need to transfer for a flight to New York.
☞ 적용 발음법칙 : ① ② ①

2. I've been working in this airport for three years.
☞ 적용 발음법칙 : ① ② ①

3. The way you talk and look must make people happy.
☞ 적용 발음법칙 : ② ① ① ① ①

문장의 억양을 익혀볼까요?

한 문장의 억양은 특정한 어휘들에 붙는 강세와 약세의 현상을 의미한다.

억양의 법칙 ①

문장의미를 주도하는 명사, 일반동사, 형용사, 부사 등에 강세가 붙는다.

억양의 법칙 ②

be 동사, 전치사, 관사, 접속사 등에는 일반적으로 강세가 붙지 않는다.

억양의 법칙 ③

화자의 의지에 따라서 be 동사, 전치사, 관사 등의 의미를 강조해서 말하고 싶다면 그런 품사들에게 강세가 들어갈 수 있다.

 다음 문장들을 억양의 법칙에 입각해서 정확히 크게 소리 내어 열 번 이상 읽으세요.

1. I <u>need</u> to <u>transfer</u> for a <u>flight</u> to <u>New York</u>.
2. I <u>know</u> it's <u>really</u> <u>confusing</u>.
3. I've been <u>working</u> in this <u>airport</u> for <u>three</u> <u>years</u>.
4. You <u>look</u> <u>so</u> <u>happy</u> and <u>energetic</u>.
5. The <u>way</u> you <u>talk</u> and <u>look</u> must <u>make</u> <u>people</u> <u>happy</u> <u>too</u>.

> 패턴을 익혀볼까요?

What a 감탄문입니다. '~이 대단하다'이지요. 뒤에는 명사가 나옵니다. 물론 흔히 칭찬의 의미로 쓰이지만 상황에 따라서는 '기가 막히다', '어이없다' 등의 의미를 전하기도 합니다.

* *What a* maze!
  woman
  beautiful day
  busy day today
  dope I am
  colossal waste of time

 패턴 해석

미로도 미로도, 이런 미로는 정말 처음이야! | 정말 대단한 여성이야. | 정말 날씨 좋다. | 오늘 정말 바빠도 너무 바쁘네. | 내가 정말 멍청해도 너무 멍청한 거지 뭐. | 이건 정말 말도 못할 정도로 엄청난 시간낭비야.

> 표현을 익혀볼까요?

1. I'm lost. 길을 잃었어요.

be lost는 '길을 잃다', 또는 '대화의 방향을 잃다'의 의미입니다. 동사 lose가 '중요한 것을 잃어버리다'의 의미를 갖습니다.

2. I'm really confused. 나 정말 헷갈려.

동사 confuse는 '혼동하게 만들다'이고 과거분사 confused는 형용사로서 '혼동된 상태인'의 의미를 전합니다. 그래서 '헷갈린'으로 해석할 수 있습니다.

3. It's really confusing.

그거 정말 사람 헷갈리게 하네.

confused는 '혼동된 상태인'의 뜻이지만 confusing은 반대로 '사람을 혼동하게 만드는'의 의미입니다. 역시 동사 confuse에서 파생되었습니다.

4. The way you talk and look must make people happy.

말씀하는 모습과 표정이 사람들을 아주 기분 좋게 만들겠어요.

way는 '모습'의 의미로 쓰이고 있습니다. the way you talk는 '네가 말하는 모습', the way you walk는 '너의 걷는 모습', the way you smile은 '네가 웃는 모습', 그리고 the way you look는 '당신의 외모', 또는 '당신의 표정'을 의미합니다.

12 | 공항 내에서
수하물이 나오지 않을 때

ME   Excuse me.

HE   Yes. May I help you?

ME   My baggage is nowhere in sight.

HE   Oh, is it? Would you come this way? Sorry to trouble you, but we have ways to track your baggage.

ME   How long should I wait to have my bag?

HE   If it's on the next flight, you can have it within a few hours, but if your bag has been sent to the wrong airport, it could take a couple of days.

ME   Then what should I do now?

HE   Please give us your hotel address and phone number where you can be reached.

ME   I don't have to come back here to pick it up?

HE   No, you don't have to. We will bring you your baggage.

나   저기요.

그   예, 뭘 도와드릴까요?

나   제 가방이 어디에도 보이지 않네요.

그   그런가요? 이쪽으로 오시겠어요? 불편을 끼쳐드려서 죄송합니다.
    손님 가방을 추적하는 여러 가지 방법이 있습니다.

나   얼마나 기다려야 되나요?

그   가방이 다음 비행기에 있으면 몇 시간 안에 찾을 수 있지만 엉뚱한
    공항으로 보내진 경우라면 2, 3일은 걸릴 수 있습니다.

나   그러면 제가 지금 뭘 어떻게 해야 하나요?

그   머무실 호텔 주소와 저희가 연락드릴 수 있는 전화번호를 주시면 됩니다.

나   가방을 찾으러 이리로 다시 올 필요는 없나요?

그   그러실 필요 전혀 없습니다. 저희가 보내드릴 겁니다.

nowhere in sight 그 어느 곳에도 보이지 않는 | trouble 애 먹이다 | track 추적하다 | reach 연락하다 | pick up ~을 가져가다

발음을 익혀볼까요?

발음법칙 ①

자음이 충돌하면 앞 자음의 발음이 순간 끊어지면서 소리 나지 않는다.

발음법칙 ②

자음과 모음이 이어지면 자음의 발음이 살아난다.

발음법칙 ③

[n]과 [t]가 연이어 나오면 [t]발음이 흔히 생략된다.

발음법칙 ④

[t]와 [d]는 모음 사이에서는 [r]로 바뀌어 발음된다.

 다음 문장들을 발음법칙에 입각해서 정확히 크게 소리 내어 열 번 이상 읽으세요.

1. How long should I wait to have my bag?
   ☞ **적용 발음법칙** : ④ ①[④] ①

2. You can have it within a few hours.
   ☞ **적용 발음법칙** : ② ① ② ②

3. It could take a couple of days.
   ☞ **적용 발음법칙** : ① ① ② ② ①

문장의 억양을 익혀볼까요?

한 문장의 억양은 특정한 어휘들에 붙는 강세와 약세의 현상을 의미한다.

억양의 법칙 ①
문장의미를 주도하는 명사, 일반동사, 형용사, 부사 등에 강세가 붙는다.

억양의 법칙 ②
be 동사, 전치사, 관사, 접속사 등에는 일반적으로 강세가 붙지 않는다.

억양의 법칙 ③
화자의 의지에 따라서 be 동사, 전치사, 관사 등의 의미를 강조해서 말하고 싶다면 그런 품사들에게 강세가 들어갈 수 있다.

 다음 문장들을 억양의 법칙에 입각해서 정확히 크게 소리 내어 열 번 이상 읽으세요.

1. My <u>baggage</u> is <u>nowhere</u> in <u>sight</u>.

2. We <u>have</u> <u>ways</u> to <u>track</u> your <u>baggage</u>.

3. <u>How</u> <u>long</u> should I <u>wait</u> to <u>have</u> my <u>bag</u>?

4. You can <u>have</u> it <u>within</u> a <u>few</u> <u>hours</u>.

5. <u>If</u> your <u>bag</u> has been <u>sent</u> to the <u>wrong</u> <u>airport</u>, it could <u>take</u> a <u>couple</u> of <u>days</u>.

6. I <u>don't</u> have to <u>come</u> <u>back</u> <u>here</u> to <u>pick</u> it <u>up</u>?

> 패턴을 익혀볼까요?

You don't have to

'~할 필요는 없다'는 의미의 패턴입니다. have to가 '강요나 특별한 상황으로 인해서 어쩔 수 없이 그렇게 해야 한다'는 의미이기 때문에 don't have to는 '그럴 필요까지는 없다'가 됩니다.

* *You don't have to*   come back here.
　　　　　　　　　　　 tell me that twice
　　　　　　　　　　　 apologize
　　　　　　　　　　　 worry about that
　　　　　　　　　　　 flatter me
　　　　　　　　　　　 go looking for it
　　　　　　　　　　　 eat it up

 패턴 해석

네가 여기 올 필요는 없어. | 두 말하면 잔소리지. | 사과할 필요 없어. | 그건 걱정할 필요 없어. | 나한테 알랑거릴 필요 없잖아. [억지로 나 비행기 태우지 않아도 돼.] | 가서 그거 찾지 않아도 돼. | 그걸 다 먹을 필요는 없어.

> 표현을 익혀볼까요?

1. My baggage is nowhere in sight. 가방이 안 보여.

nowhere in sight는 '내 시야 안 어느 곳에도 없다'는 의미입니다. 어디에 있는지 아무리 찾아도 없다는 의미로 사용합니다.

2. Sorry to trouble you. 애먹여서 미안해요.

동사 trouble이 '괴롭히다', '애먹이다', '귀찮게 하다' 등의 의미를 전합니다. 그래서 제시문은 "귀찮게 해서 죄송합니다"의 의미로 이해합니다.

3. It's on the next flight. 그건 다음 비행기에 있어.

어떤 특정한 물건이 다음 비행기에 실려 있다는 의미를 전하는 문장입니다. 전치사 on을 사용하고 있다는 사실에 주목하세요.

4. Your bag has been sent to the wrong airport. 네 가방은 엉뚱한 공항으로 보내졌어.

has been sent to는 '이미 ~로 보내진 상태이다'입니다. 현재완료와 수동태가 사용된 문장입니다. wrong은 '잘못된', '틀린' 등의 의미입니다.

5. You can reach me at this number.
이 번호로 전화하면 나하고 통화할 수 있어.

reach me는 '내게 전화로 연락하다'의 의미입니다. at this number는 '이 전화번호로'의 뜻이지요. 동사 reach의 정확한 이해가 중요합니다.

13 호텔에서
투숙할 때

SHE Good afternoon, sir.
ME   Good afternoon.
SHE Do you have a reservation, sir?
ME   Yes, I have a reservation.
SHE Let me see your passport, sir.
ME   Here it is.
SHE You're going to stay here for four days and check out next Wednesday. Right?
ME   Yes. I need a non-smoking room.
SHE Yes, sir. Your room number is 1302, sir.
ME   Thank you.
SHE You're welcome, sir.

그녀	안녕하십니까?
나	안녕하세요.
그녀	예약하셨습니까?
나	예, 예약 되어 있습니다.
그녀	여권을 좀 보여주세요.
나	여기 있습니다.
그녀	4일 동안 머무실 예정이고 돌아오는 수요일에 체크아웃 하실 예정이시군요. 맞나요?
나	예. 방은 금연실로 주세요.
그녀	알겠습니다. 방은 1302호입니다.
나	감사합니다.
그녀	별말씀을요.

reservation 예약 | passport 여권 | check out 퇴실하다 | non-smoking room 금연실 | smoking room 흡연실

발음을 익혀볼까요?

발음법칙 ①
자음이 충돌하면 앞 자음의 발음이 순간 끊어지면서 소리 나지 않는다.

발음법칙 ②
자음과 모음이 이어지면 자음의 발음이 살아난다.

발음법칙 ③
[n]과 [t]가 연이어 나오면 [t]발음이 흔히 생략된다.

발음법칙 ④
[t]와 [d]는 모음 사이에서는 [r]로 바뀌어 발음된다.

 다음 문장들을 발음법칙에 입각해서 정확히 크게 소리 내어 열 번 이상 읽으세요.

1. Let me see your passport, sir.
☞ 적용 발음법칙 : ① ①

2. You're going to check out next Wednesday.
☞ 적용 발음법칙 : ② ① ①

3. I need a non-smoking room.
☞ 적용 발음법칙 : ④

문장의 억양을 익혀볼까요?

한 문장의 억양은 특정한 어휘들에 붙는 강세와 약세의 현상을 의미한다.

억양의 법칙 ①

문장의미를 주도하는 명사, 일반동사, 형용사, 부사 등에 강세가 붙는다.

억양의 법칙 ②

be 동사, 전치사, 관사, 접속사 등에는 일반적으로 강세가 붙지 않는다.

억양의 법칙 ③

화자의 의지에 따라서 be 동사, 전치사, 관사 등의 의미를 강조해서 말하고 싶다면 그런 품사들에게 강세가 들어갈 수 있다.

 다음 문장들을 억양의 법칙에 입각해서 정확히 크게 소리 내어 열 번 이상 읽으세요.

1. Do you have a reservation?

2. Let me see your passport.

3. You're going to stay here for four days and check out next Wednesday.

4. I need a non-smoking room.

5. Your room number is 1302.

> 패턴을 익혀볼까요?

I need   '~이 꼭 필요하다'의 의미를 전하는 패턴입니다. '~이 꼭 필요한 것이기 때문에 그것이 아니면 안되겠다'는 느낌을 전하지요. '간절함'이나 '절대적인 필요성'을 말할 때 사용합니다.

* *I need*   a non-smoking room.
               a room with a nice view
               somebody helpful
               something to do

 패턴 해석

저는 금연실이 필요합니다. | 전망이 좋은 방을 주세요. | 누군가 도움이 될만한 사람이 필요해, 꼭. | 난 지금 뭔가 할 일이 필요하단 말이야.

표현을 익혀볼까요?

1. I have a reservation. 저 예약이 되어 있는데요.

예약이 이미 되어 있는 상태를 말합니다. 같은 상황에서 "이미 예약을 했습니다"라고 상태가 아닌 '이미 이루어진 동작'을 말할 때는 I've made a reservation으로 표현하게 됩니다. 물론 이 두 개의 문장은 '상태'와 '동작'의 차이는 있지만 같은 의미를 전합니다.

2. Let me see your passport. 여권을 보여주세요.

직역을 하면 "내가 당신의 여권을 볼 수 있도록 해주세요"가 되지만 "여권을 보여주시죠"로 해석합니다. 영어와 한글의 자연스러운 의역이 필요합니다.

3. You're going to check out next Wednesday.
돌아오는 수요일에 퇴실하시는군요.

be going to는 진작부터 예정되어 있었던 '확실한 미래의 일'을 말할 때 사용합니다. '분명히 ~을 할 것이다'로 해석합니다.

4. Your room number is 1302.
머무실 객실은 1302호입니다.

'객실번호'를 room number라고 합니다. 1302를 발음할 때는 정확해야 합니다. 물론 들을 때도 틀림이 없어야지요. thirteen oh two로 발음합니다. 숫자의 발음은 대화 도중에 영어이해에 대단히 중요한 역할을 합니다.

14 호텔에서
안내 데스크에 문의할 때(1)

HE   Hello, front desk. May I help you?

ME   I'm trying to log on to the Internet, but I don't know how to do it.

HE   I'll send someone up to help you, sir.

ME   Thank you and I need a socket.

HE   How many pin plugs do you use?

ME   Three pins.

HE   I see. You need a socket for three-pin plugs.

ME   That's right.

HE   Okay. Just wait for a minute. Somebody is going to be up and help you.

ME   Thank you.

그   여보세요, 프론트 데스크입니다. 뭘 도와드릴까요?

나   인터넷에 접속하려는데 어떻게 해야 되는지 몰라서요.

그   사람을 올려 보내겠습니다.

나   고맙습니다. 그리고 소켓도 하나 필요합니다.

그   꼭지 몇 개짜리를 이용하시나요?

나   세 개짜리요.

그   알겠습니다. 꼭지가 세 개짜리 소켓이 필요하시다고요.

나   그렇습니다.

그   알겠습니다. 잠깐만 기다려 주세요. 직원이 올라가서 도와드릴 겁니다.

나   감사합니다.

log on to the Internet 인터넷에 접속하다 | send someone up to 사람을 ~로 올려 보내다 | socket 소켓 | be up 올라가다

발음을 익혀볼까요?

발음법칙 ①

자음이 충돌하면 앞 자음의 발음이 순간 끊어지면서 소리 나지 않는다.

발음법칙 ②

자음과 모음이 이어지면 자음의 발음이 살아난다.

발음법칙 ③

[n]과 [t]가 연이어 나오면 [t]발음이 흔히 생략된다.

발음법칙 ④

[t]와 [d]는 모음 사이에서는 [r]로 바뀌어 발음된다.

 다음 문장들을 발음법칙에 입각해서 정확히 크게 소리 내어 열 번 이상 읽으세요.

1. I'm trying to log on to the Internet.
   ☞ 적용 발음법칙 : ② ③

2. I don't know how to do it.
   ☞ 적용 발음법칙 : ③ [①] ④

3. I'll send someone up to help you.
   ☞ 적용 발음법칙 : ① ② ①

문장의 억양을 익혀볼까요?

한 문장의 억양은 특정한 어휘들에 붙는 강세와 약세의 현상을 의미한다.

억양의 법칙 ①

문장의미를 주도하는 명사, 일반동사, 형용사, 부사 등에 강세가 붙는다.

억양의 법칙 ②

be 동사, 전치사, 관사, 접속사 등에는 일반적으로 강세가 붙지 않는다.

억양의 법칙 ③

화자의 의지에 따라서 be 동사, 전치사, 관사 등의 의미를 강조해서 말하고 싶다면 그런 품사들에게 강세가 들어갈 수 있다.

다음 문장들을 억양의 법칙에 입각해서 정확히 크게 소리 내어 열 번 이상 읽으세요.

1. I'm <u>trying</u> to <u>log on</u> to the <u>Internet</u>, but I <u>don't know how</u> to <u>do</u> it.
2. I'll <u>send</u> someone <u>up</u> to <u>help</u> you.
3. <u>How many pin plugs</u> do you <u>use</u>?
4. You <u>need</u> a <u>socket</u> for <u>three-pin plugs</u>.
5. <u>Somebody</u> is going to be <u>up</u> and <u>help</u> you.

패턴을 익혀볼까요?

I'm trying to

'나는 지금 ~을 하려고 애쓰는 중이다'의 의미를 전하는 패턴입니다. 이 패턴에서 동사 try는 '노력하다'가 아니라 '애쓰다'의 의미로 이해해야 합니다.

* *I'm trying to*　　log on to the Internet.
　　　　　　　　　find out where he lives
　　　　　　　　　remember his name and phone number
　　　　　　　　　change myself
　　　　　　　　　control my emotions
　　　　　　　　　play it cool
　　　　　　　　　get in touch with her

 패턴 해석

나 지금 인터넷에 로그인 하려는 중이야. | 나 지금 그가 어디에 사는지를 알아내려고 애쓰는 중이야. | 나 지금 그의 이름과 전화번호를 기억하려고 애쓰는 중이지. | 난 지금 내 자신을 변화시키려고 애쓰는 중이야. | 지금 내 감정을 조절하려고 애쓰는 중이야. | 지금 침착하게 대처하려는 중이야. | 그녀에게 연락하려는 중이야.

> 표현을 익혀볼까요?

1. I don't know how to do it.
난 그걸 어떻게 하는 건지 몰라.

how to do ~는 '~을 어떻게 해야 되는지의 방법'을 의미합니다.
how I should do ~와 같은 의미입니다.

2. I'll send someone up to help you.
사람을 올려 보내서 도와드리도록 하겠습니다.

send someone up은 '누군가를 올려 보내다'의 의미입니다.
그 이유를 to 부정사를 이용해서 뒤에서 설명하고 있는 것입니다.

3. I need a socket for three-pin plugs.
꼭지가 세 개인 플러그를 꽂을 소켓이 필요합니다.

three-pin plug는 '핀이 세 개인 플러그' 즉, '꼭지가 세 개 달린 플러그'를 의미합니다. a socket for three-pin plugs는 '꼭지가 세 개 달린 플러그를 꽂을 소켓'을 의미하지요.

4. Somebody is going to be up and help you.
사람이 올라가서 도와드릴 겁니다.

be going to ~는 '분명히 ~을 하게 될 것이다'의 의미입니다.
'확실한 미래'를 말합니다. be up는 go up이지요. '올라가다'입니다.

15 안내 데스크에 문의할 때(2)
호텔에서

SHE   Good morning, sir.

ME   Good morning. Can I ask you something?

SHE   Of course, sir.

ME   Is there any flea market around here?

SHE   Oh, a flea market is held every Saturday just in front of this hotel.

ME   In front of this hotel?

SHE   Yes. And you can search for flea markets from online flea market directories.

ME   I see. I have another question.

SHE   Yes, sir.

ME   Can I become a flea market vendor?

SHE   I don't think it's possible. Because you're a tourist. You need some licenses, but I don't know for sure what they are.

ME   Thank you.

그녀	안녕하세요.
나	안녕하세요. 뭘 좀 물어봐도 될까요?
그녀	그럼요.
나	이 근처에 벼룩시장 있어요?
그녀	아, 벼룩시장은 매주 토요일마다 바로 이 호텔 앞에서 열립니다.
나	이 호텔 앞에서요?
그녀	예. 그리고 인터넷의 벼룩시장 디렉토리에서 여러 벼룩시장을 찾으실 수 있습니다.
나	알겠습니다. 다른 질문 하나 더요.
그녀	예 말씀하세요.
나	제가 벼룩시장에서 판매자가 될 수도 있나요?
그녀	가능할 것 같지 않은데요. 여행자이시잖아요. 면허증이 필요해요. 하지만 그 면허증이라는 게 어떤 건지는 확실히 모르겠어요.
나	감사합니다.

flea market 벼룩시장 | be held 열리다 | in front of ~의 앞에서 | search for ~을 찾다 | online 인터넷상의 | vendor 노점상, 행상인 | tourist 여행자 | know for sure 확실히 알다

발음을 익혀볼까요?

발음법칙 ①

자음이 충돌하면 앞 자음의 발음이 순간 끊어지면서 소리 나지 않는다.

발음법칙 ②

자음과 모음이 이어지면 자음의 발음이 살아난다.

발음법칙 ③

[n]과 [t]가 연이어 나오면 [t]발음이 흔히 생략된다.

발음법칙 ④

[t]와 [d]는 모음 사이에서는 [r]로 바뀌어 발음된다.

 다음 문장들을 발음법칙에 입각해서 정확히 크게 소리 내어 열 번 이상 읽으세요.

1. Is there any flea mark<u>et</u> aroun<u>d</u> here?
  ☞ 적용 발음법칙 : ④ ①

2. A mark<u>et</u> is hel<u>d</u> every S<u>at</u>urday.
  ☞ 적용 발음법칙 : ④ ② ④

3. Can I become a flea mark<u>et</u> vendor?
  ☞ 적용 발음법칙 : ② ② ①

문장의 억양을 익혀볼까요?

한 문장의 억양은 특정한 어휘들에 붙는 강세와 약세의 현상을 의미한다.

억양의 법칙 ①

문장의미를 주도하는 명사, 일반동사, 형용사, 부사 등에 강세가 붙는다.

억양의 법칙 ②

be 동사, 전치사, 관사, 접속사 등에는 일반적으로 강세가 붙지 않는다.

억양의 법칙 ③

화자의 의지에 따라서 be 동사, 전치사, 관사 등의 의미를 강조해서 말하고 싶다면 그런 품사들에게 강세가 들어갈 수 있다.

 다음 문장들을 억양의 법칙에 입각해서 정확히 크게 소리 내어 열 번 이상 읽으세요.

1. Can I <u>ask</u> you <u>something</u>?

2. Is there any <u>flea</u> <u>market</u> around <u>here</u>?

3. A <u>flea</u> <u>market</u> is <u>held</u> <u>every</u> <u>Saturday</u> just in <u>front</u> of <u>this</u> <u>hotel</u>.

4. You can <u>search</u> for <u>flea</u> <u>markets</u> from <u>online</u> <u>flea</u> <u>market</u> <u>directories</u>.

5. I <u>don't</u> <u>know</u> for <u>sure</u> <u>what</u> they <u>are</u>.

> 패턴을 익혀볼까요?

Is there

'~이 있습니까?'를 의미하는 패턴입니다. there를 '거기'로 해석해서는 안됩니다. Is there 패턴은 '뭔가가 존재하는지'를 묻는 질문일 뿐입니다.

* *Is there* any flea market around here?
  any way you can help me
  anything you want me to bring you
  some particular reason for that
  something wrong
  something I can do for you

 패턴 해석

이 근처에 벼룩시장이 있나요? | 나를 좀 도와줄 수 있는 방법이 있을까? | 내가 너한테 뭘 가져다 줄 게 있을까? | 그러는 특별한 이유라도 있어? | 뭔가 잘못됐어? | 내가 너를 도와줄 게 있을까?

표현을 익혀볼까요?

1. Can I ask you something? 뭘 좀 물어도 될까요?

동사 ask의 가장 기본적인 의미는 '질문하다'입니다. 그 뜻이 정확히 적용되는 표현입니다. ask you something은 '당신에게 뭔가를 묻다'입니다.

2. I have another question. 질문이 하나 더 있습니다.

another question은 '질문이 하나 더'입니다. '또 다른 질문'이지요. another는 an + other 입니다. 그래서 '다른 것 하나 더'가 됩니다.

3. Can I become a flea market vendor?
제가 벼룩시장에서 판매자가 될 수 있나요?

flea market vendor는 '벼룩시장에서 물건을 파는 사람'을 뜻합니다. vendor에 '노점상'의 뜻이 포함되어 있기 때문에 그렇습니다.

4. I don't know for sure what they are.
그것들이 무엇인지는 확실히 모르겠습니다.

I don't know for sure ~는 '~을 확실히 모르다'의 의미입니다. what they are는 '그것들이 무엇인지'이지요. what they are가 know의 목적절로 쓰였어요. 목적절에서는 의문사가 있더라도 평서문의 형태를 유지해야 합니다. I don't know for sure what are they라고 사용하는 일이 없도록 하세요. I don't know for sure what they are가 맞습니다.

16 | 호텔에서
전화로 룸 서비스 이용할 때(1)

HE   Hello. May I help you?

ME   Yes. The shower doesn't work well.

HE   Excuse me? I couldn't hear you. Could you repeat that, sir?

ME   Something is wrong with the shower.

HE   Oh, I see. The water from the shower doesn't come out at all?

ME   It comes out, but the water pressure is weak.

HE   You mean the water doesn't come out well.

ME   Yes.

HE   I'll send someone up right away, sir.

ME   Thank you.

그   여보세요. 뭘 도와드릴까요?
나   예. 샤워기가 잘 작동이 안되네요.
그   여보세요. 말씀을 못 들었습니다. 다시 한 번 말씀해주시겠습니까?
나   샤워기에 문제가 있다고요.
그   아, 알겠습니다. 샤워기에서 물이 전혀 나오지 않나요?
나   나와요. 그런데 수압이 약해요.
그   그러니까 물이 잘 나오지 않는다는 말씀이군요.
나   그렇습니다.
그   당장 사람 올려 보내겠습니다.
나   감사합니다.

shower 샤워기 | work 작동하다 | repeat 한 번 더 말하다 | come out 나오다 | water pressure 수압 | right away 지금 당장

발음을 익혀볼까요?

발음법칙 ①
자음이 충돌하면 앞 자음의 발음이 순간 끊어지면서 소리 나지 않는다.

발음법칙 ②
자음과 모음이 이어지면 자음의 발음이 살아난다.

발음법칙 ③
[n]과 [t]가 연이어 나오면 [t]발음이 흔히 생략된다.

발음법칙 ④
[t]와 [d]는 모음 사이에서는 [r]로 바뀌어 발음된다.

다음 문장들을 발음법칙에 입각해서 정확히 크게 소리 내어 열 번 이상 읽으세요.

1. Something is wrong with the shower.
 ☞ 적용 발음법칙 : ①

2. The water from the shower doesn't come out at all?
 ☞ 적용 발음법칙 : ④ ③[①] ② ④ ④

3. I'll send someone up right away.
 ☞ 적용 발음법칙 : ① ② ① ④

문장의 억양을 익혀볼까요?

한 문장의 억양은 특정한 어휘들에 붙는 강세와 약세의 현상을 의미한다.

억양의 법칙 ①

문장의미를 주도하는 명사, 일반동사, 형용사, 부사 등에 강세가 붙는다.

억양의 법칙 ②

be 동사, 전치사, 관사, 접속사 등에는 일반적으로 강세가 붙지 않는다.

억양의 법칙 ③

화자의 의지에 따라서 be 동사, 전치사, 관사 등의 의미를 강조해서 말하고 싶다면 그런 품사들에게 강세가 들어갈 수 있다.

 다음 문장들을 억양의 법칙에 입각해서 정확히 크게 소리 내어 열 번 이상 읽으세요.

1. The shower doesn't work well.

2. I couldn't hear you.

3. Something is wrong with the shower.

4. The water from the shower doesn't come out at all?

5. It comes out, but the water pressure is weak.

6. You mean the water doesn't come out well.

> 패턴을 익혀볼까요?

Something is wrong with

'~이 뭔가 잘못되었다'는 의미의 패턴입니다. 활용도가 대단히 높습니다. 형용사 wrong은 '잘못된', '옳지 않은' 등의 의미를 갖지요. be wrong with ~는 '~이 잘못되다'의 의미입니다.

* *Something is wrong with*

    the shower.

    him

    the system

    this project

    our apartment

 패턴 해석

샤워기가 잘못 되었어요. | 걔 뭔가 좀 이상해. | 시스템에 이상이 있어요. | 이 프로젝트 뭔가 잘못되었어. | 우리 아파트 뭔가 좀 이상해.

표현을 익혀볼까요?

1. The shower doesn't work well.
샤워기가 잘 작동이 안 된다.

동사 work은 '일하다'입니다. 기계가 일하면 그것은 기계가 '작동하는 것'이지요. 그래서 work well은 '잘 작동하다'의 의미가 됩니다.

2. I couldn't hear you.
네가 하는 말을 들을 수가 없었다.

hear you는 '너를 듣다'가 아니라 '네 말을 듣다'입니다. 그리고 hear는 내 의도와는 무관하게 '들려서 듣다'의 의미입니다.

3. Could you repeat that?
그거 다시 한 번 말해줄 수 있나요?

Could you ~? 패턴은 '~을 해주실 수 있겠습니까?'의 뜻으로서 정중한 의미를 전합니다. 동사 repeat은 '다시 한 번 말하다'의 의미로 쓰이고 있습니다.

4. The water from the shower doesn't come out at all?
샤워기 물이 전혀 나오지 않나요?

ome out은 '밖으로 나오다'의 의미입니다. not at all은 '전혀 아닌'의 뜻이지요. 결국 doesn't come out at all은 '밖으로 전혀 나오지 않다'는 의미입니다.

17 | 호텔에서
전화로 룸 서비스 이용할 때(2)

SHE   Room service. May I help you?

ME   Can I order some food?

SHE   Of course, ma'am.

ME   I want a beef steak and a chicken salad.

SHE   How do you like your steak?

ME   I want it well done.

SHE   I see. A beef steak, well done, and a chicken salad. Is that all for you, ma'am?

ME   Yes. Wait a minute. I need more towels and soaps. And I don't know how to work this TV. Send someone up and help me.

SHE   No problem, ma'am. Somebody is going to be right up.

ME   Thank you.

SHE   You're welcome, ma'am.

그녀	룸 서비스입니다. 뭘 도와드릴까요?
나	음식을 주문해도 되나요?
그녀	물론입니다.
나	비프스테이크와 치킨 샐러드요.
그녀	스테이크는 어떻게 구워드릴까요?
나	웰던으로 주세요.
그녀	알겠습니다. 비프스테이크. 웰던으로요. 그리고 치킨 샐러드요. 다 주문하신 건가요?
나	예. 잠깐만요. 타월과 비누 좀 더 가져다 주세요. 그리고 여기 TV를 어떻게 켜는 건지 모르겠어요. 사람 좀 올려 보내줘요.
그녀	알겠습니다. 직원이 바로 올라갈 겁니다.
나	감사합니다.
그녀	별말씀을요.

well done 고기를 완전히 익힌 상태 | soap 비누 | how to work TV 티비를 작동시키는 방법 | be right up 바로 올라가다

발음을 익혀볼까요?

발음법칙 ①

자음이 충돌하면 앞 자음의 발음이 순간 끊어지면서 소리 나지 않는다.

발음법칙 ②

자음과 모음이 이어지면 자음의 발음이 살아난다.

발음법칙 ③

[n]과 [t], 또는 [d]가 연이어 나오면 [t]와 [d] 발음이 흔히 생략된다.

발음법칙 ④

[t]와 [d]는 모음 사이에서는 [r]로 바뀌어 발음된다.

 다음 문장들을 발음법칙에 입각해서 정확히 크게 소리 내어 열 번 이상 읽으세요.

1. I want a beef steak and a chicken salad.
 ☞ **적용 발음법칙** : ③ ② ②[③]

2. I don't know how to work this TV.
 ☞ **적용 발음법칙** : ③[①] ④ ①

3. Send someone up and help me.
 ☞ **적용 발음법칙** : ③[①] ② ② ③[①] ①

문장의 억양을 익혀볼까요?

한 문장의 억양은 특정한 어휘들에 붙는 강세와 약세의 현상을 의미한다.

억양의 법칙 ①

문장의미를 주도하는 명사, 일반동사, 형용사, 부사 등에 강세가 붙는다.

억양의 법칙 ②

be 동사, 전치사, 관사, 접속사 등에는 일반적으로 강세가 붙지 않는다.

억양의 법칙 ③

화자의 의지에 따라서 be 동사, 전치사, 관사 등의 의미를 강조해서 말하고 싶다면 그런 품사들에게 강세가 들어갈 수 있다.

 다음 문장들을 억양의 법칙에 입각해서 정확히 크게 소리 내어 열 번 이상 읽으세요.

1. Can I <u>order</u> some <u>food</u>?
2. I <u>want</u> a <u>beef</u> <u>steak</u> and a <u>chicken</u> <u>salad</u>.
3. <u>How</u> do you <u>like</u> your <u>steak</u>?
4. I <u>don't</u> <u>know</u> <u>how</u> to <u>work</u> this <u>TV</u>.
5. <u>Send</u> <u>someone</u> up and <u>help</u> <u>me</u>.
6. <u>Somebody</u> is going to be <u>right</u> <u>up</u>.

패턴을 익혀볼까요?

I don't know how to

'~하는 방법을 모른다'의 의미를 갖는 패턴입니다. how to ~가 '~하는 방법'이지요. to가 부정사로 쓰인 것이기 때문에 그 뒤에는 동사원형이 오게 됩니다.

* *I don't know how to* work this TV.
change things
explain it to him
respond
ask for what I want
finish my prayer
make sense of it

 패턴 해석

이 TV를 어떻게 작동시키는 건지 모르겠어. | 상황을 어떻게 바꿔야 되는 건지 정말 모르겠어. | 그걸 그에게 어떻게 설명해야 할지 모르겠네. | 어떻게 반응해야 할지 모르겠어. | 내가 원하는 걸 어떻게 요구해야 되는 건지를 모르겠어. | 기도를 어떻게 마무리해야 되는 건지 모르겠어. | 그걸 어떻게 이해해야 되는 건지 난 모르겠어.

표현을 익혀볼까요?

1. Can I order some food?
음식을 주문할 수 있나요?

Can I ~? 패턴은 '내가 ~을 해도 되는지' 상대의 '허락'을 구합니다. order에는 '명령하다' 외에 '주문하다'의 의미가 포함되어 있죠.

2. How do you like your steak?
스테이크를 어떻게 익혀 드릴까요?

How do you like ~? 패턴은 '~을 어떤 식으로 원하십니까?'의 의미를 전합니다. 요리방법을 묻는 것입니다. How do you like your coffee?는 "커피를 어떻게 타드릴까요?"를 의미합니다.

3. I want it well done.
다 익혀 주세요

나는 그것이 웰던이기를 원한다는 의미입니다. 고기를 구울 때 well done은 '바짝 구운 상태'를 의미합니다.

4. I don't know how to work this TV.
이 TV를 어떻게 작동시키는 것인지 모르겠어요.

동사 work에는 '일하다', '작동하다' 등의 의미 이외에 '작동시키다'의 의미도 포함되어 있습니다. 그래서 work a computer는 '컴퓨터를 작동시키다'로 이해합니다.

18 | 호텔에서
아울렛 버스 편 물을 때

- HE Good morning, sir. May I help you?
- ME I'd like to go to Woodbury Outlets.
- HE Oh, you mean Woodbury Common Premium Outlets.
- ME That's right. Is there a bus to go there?
- HE Of course. The bus leaves every hour in front of this hotel.
- ME Really?
- HE Yes. It's nine twenty. The bus leaves at ten. So you need to wait 40 minutes.
- ME Thank you. How long does it take to get there?
- HE About an hour.
- ME Have you been there before?
- HE Yes. Three times. There are more than 200 stores in the Outlets. Everything is there. You'll like it.
- ME Thank you.

그　안녕하세요. 뭘 도와드릴까요?

나　우드베리 아울렛에 가고 싶어서요.

그　아, 우드베리 커먼 프리미엄 아울렛 말씀하시는군요.

나　예, 맞아요. 거기 가는 버스 있나요?

그　물론이죠. 버스가 우리 호텔 앞에서 매 시간 출발합니다.

나　정말이에요?

그　예. 지금이 9시 20분이네요. 10시에 버스 출발해요. 그러니까 40분 기다리셔야 됩니다.

나　감사합니다. 거기까지 시간은 얼마나 걸려요?

그　한 시간 정도요.

나　거기 가본 적 있으세요?

그　예. 세 번 가봤죠. 아울렛 안에 가게만 200개가 넘어요. 모든 게 다 있는 거죠. 마음에 드실 거예요.

나　감사합니다.

of course 물론 | every hour 매 시간마다 | in front of ~앞에서 | take 시간이 걸리다 | get there 거기에 도착하다

발음을 익혀볼까요?

발음법칙 ①

자음이 충돌하면 앞 자음의 발음이 순간 끊어지면서 소리 나지 않는다.

발음법칙 ②

자음과 모음이 이어지면 자음의 발음이 살아난다.

발음법칙 ③

[n]과 [t]가 연이어 나오면 [t]발음이 흔히 생략된다.

발음법칙 ④

[t]와 [d]는 모음 사이에서는 [r]로 바뀌어 발음된다.

 다음 문장들을 발음법칙에 입각해서 정확히 크게 소리 내어 열 번 이상 읽으세요.

1. I'd like to go to Woodbury Outlets.
   ☞ **적용 발음법칙 :** ① ① ④ ① ①

2. You need to wait 40 minutes.
   ☞ **적용 발음법칙 :** ① ① ④ ①

3. How long does it take to get there?
   ☞ **적용 발음법칙 :** ② ① ① ①

문장의 억양을 익혀볼까요?

한 문장의 억양은 특정한 어휘들에 붙는 강세와 약세의 현상을 의미한다.

억양의 법칙 ①

문장의미를 주도하는 명사, 일반동사, 형용사, 부사 등에 강세가 붙는다.

억양의 법칙 ②

be 동사, 전치사, 관사, 접속사 등에는 일반적으로 강세가 붙지 않는다.

억양의 법칙 ③

화자의 의지에 따라서 be 동사, 전치사, 관사 등의 의미를 강조해서 말하고 싶다면 그런 품사들에게 강세가 들어갈 수 있다.

 다음 문장들을 억양의 법칙에 입각해서 정확히 크게 소리 내어 열 번 이상 읽으세요.

1. I'd like to go to Woodbury Outlets.
2. Is there a bus to go there?
3. The bus leaves every hour in front of this hotel.
4. You need to wait 40 minutes.
5. How long does it take to get there?
6. Have you been there before?

> 패턴을 익혀볼까요?

You need to

'너는 ~할 필요가 있다'의 의미를 갖는 패턴입니다. 필요성이 있다는 것은 '그렇기 때문에 꼭 그렇게 해야 된다'는 의미를 포함합니다. '강요'가 아닌 '필요성'임에 주목하세요.

* *You need to*　　wait 40 minutes.

　　　　　　　　　practice

　　　　　　　　　start with the basics

　　　　　　　　　make a decision

　　　　　　　　　concentrate on it

　　　　　　　　　make new friends

　　　　　　　　　have some fun while you can

 패턴 해석

40분 기다려야 돼. | 연습해야 돼. | 기초부터 시작해야 돼. | 결정을 해야지. | 거기에 집중해야 돼. | 너 새로운 친구들을 사귈 필요 있어. | 즐길 수 있을 때 즐겨.

> 표현을 익혀볼까요?

1. Is there a bus to go there?
거기까지 가는 버스 있어요?

Is there ~?는 '~이 있는가?'이지 '거기에 ~이 있는가?'가 아닙니다. there를 '거기'로 해석하지 않도록 주의하세요.

2. The bus leaves every hour in front of this hotel.
버스가 우리 호텔 앞에서 매 시간마다 출발합니다.

정해진 시간표를 말할 때는 그것이 아무리 미래에 일어날 일이라도 '현재시제'를 써서 표현합니다. every hour는 '매시간마다'의 의미이지요.

3. The bus leaves at ten.
버스는 10시에 출발합니다.

시간을 말할 때는 단순히 숫자로만 말하게 됩니다. 혼동되지 않도록 시간이 나오는 문장들은 기억해 두는 것이 좋습니다.

4. How long does it take to get there?
거기에 도착하는 데 시간이 얼마나 걸리나요?

현재시제로 묻기 때문에 '일반적으로 걸리는 시간'을 묻는 것입니다. 정해진 시간이 없이 그때그때 상황에 따라 걸리는 시간이 달라서 "거기에 도착하려면 시간이 얼마나 걸릴 것 같아?"의 의미로 묻는 경우라면 How long will it take to get there?라고 물어야 합니다.

19 | 호텔에서 check out 할 때

SHE Are you checking out?

ME Yes, I am. Here are keys.

SHE Thank you. Did you enjoy your stay in here?

ME Yes, I did. You were very kind to help me. I really appreciate it.

SHE Thank you so much. You stayed three nights and used a minibar.

ME Yes, I did.

SHE $650. How do you want to pay the bill?

ME Ah, sorry. I was thinking about something else. Sorry. Here is my card.

SHE No problem. It can happen. Here is your receipt, sir.

ME Thank you.

그녀	체크아웃 하세요?
나	예. 여기 열쇠 있습니다.
그녀	감사합니다. 즐겁게 잘 지내셨습니까?
나	예, 잘 지냈어요. 친절하게 잘 도와주셔서요. 정말 감사합니다.
그녀	감사합니다. 3박 4일 머무셨고 미니 바를 이용하셨네요.
나	예, 그렇습니다.
그녀	650달러 나왔습니다. 어떻게 지불하시겠습니까?
나	아, 죄송합니다. 제가 다른 생각을 좀 하고 있었습니다. 죄송해요. 여기 카드 있습니다.
그녀	괜찮습니다. 그럴 수 있죠. 여기 영수증 있습니다.
나	감사합니다.

check out 돈을 지불하고 퇴실하다 | stay 특정한 장소에 머무름 | appreciate ~을 감사하다 | receipt 영수증

발음을 익혀볼까요?

발음법칙 ①

자음이 충돌하면 앞 자음의 발음이 순간 끊어지면서 소리 나지 않는다.

발음법칙 ②

자음과 모음이 이어지면 자음의 발음이 살아난다.

발음법칙 ③

[n]과 [t]가 연이어 나오면 [t]발음이 흔히 생략된다.

발음법칙 ④

[t]와 [d]는 모음 사이에서는 [r]로 바뀌어 발음된다.

 다음 문장들을 발음법칙에 입각해서 정확히 크게 소리 내어 열 번 이상 읽으세요.

1. You were very kind to help me.
   ☞ 적용 발음법칙 : ① ①

2. You stayed three nights and used a minibar.
   ☞ 적용 발음법칙 : ① ② ① ②

3. How do you want to pay the bill?
   ☞ 적용 발음법칙 : ①[③]

문장의 억양을 익혀볼까요?

한 문장의 억양은 특정한 어휘들에 붙는 강세와 약세의 현상을 의미한다.

억양의 법칙 ①

문장의미를 주도하는 명사, 일반동사, 형용사, 부사 등에 강세가 붙는다.

억양의 법칙 ②

be 동사, 전치사, 관사, 접속사 등에는 일반적으로 강세가 붙지 않는다.

억양의 법칙 ③

화자의 의지에 따라서 be 동사, 전치사, 관사 등의 의미를 강조해서 말하고 싶다면 그런 품사들에게 강세가 들어갈 수 있다.

 다음 문장들을 억양의 법칙에 입각해서 정확히 크게 소리 내어 열 번 이상 읽으세요.

1. Are you checking out?
2. You were very kind to help me.
3. You stayed three nights and used a minibar.
4. How do you want to pay the bill?
5. I was thinking about something else.
6. Here is your receipt.

패턴을 익혀볼까요?

How do you

'어떤 방법[상태]으로 ~하는가?'의 의미를 전하는 패턴입니다. 대단히 활용도가 높은 반면에 우리에게는 익숙하지 않은 패턴이므로 각별히 신경 써서 기억해 두어야 합니다.

How do you   want to pay the bill?
　　　　　　　like your coffee
　　　　　　　know
　　　　　　　like it
　　　　　　　like school
　　　　　　　feel
　　　　　　　understand his behavior

 패턴 해석

어떤 방법으로 지불하시겠어요? | 커피를 어떻게 드세요? | 네가 어떻게 알아? | 그거 어때? 마음에 들어? | 학교 어때? 다닐 만 해? | 기분 어때? | 너는 어떻게 그의 행동을 이해할 수 있어?

> 표현을 익혀볼까요?

1. Are you checking out?

퇴실하시나요?

시제는 '현재진행'이 쓰였으며 check out은 '호텔에서 돈을 지불하고 퇴실하다'의 의미로 쓰이고 있습니다.

2. How do you want to pay the bill?

계산서는 어떻게 지불하시겠습니까?

how는 '방법'을 물을 때 쓰이며 pay the bill은 '계산서를 지불하다'의 의미입니다. "현금으로 지불하겠습니다"는 I'll pay the bill by cash. 라고 표현합니다.

3. I was thinking about something else.

다른 걸 좀 생각하고 있었어요.

think about은 '~에 대해서 생각하다'이고 something else는 '지금 대화하고 있는 주제 말고 그 밖의 다른 것'의 의미로 쓰이고 있습니다.

4. It can happen.

그런 일은 있을 수 있어.

조동사 can은 '가능성'을 의미하고 happen은 '어떤 일이 생기다', '일어나다' 등의 의미를 갖습니다. 조동사 없이 It happens.라고 하면 "그런 일은 일반적으로 흔히 일어나는 일이다."의 의미가 됩니다.

20 | 여행 중에
길을 물을 때

ME   Excuse me.

HE   Yes?

ME   Can you show me the way to the subway station?

HE   Okay. You just go straight and turn to the right at the first intersection.

ME   How long does it take to the Central Park by subway?

HE   About fifteen minutes.

ME   Thank you.

HE   Sure.

나　　실례합니다.

그　　예?

나　　지하철까지 가는 길을 좀 알려주실 수 있나요?

그　　그러죠. 곧장 가시다가 첫 번째 교차로에서 오른쪽으로 도세요.

나　　지하철로 센트럴 파크까지 시간이 얼마나 걸리나요?

그　　15분 정도요.

나　　감사합니다.

그　　별말씀을요.

show the way to ~까지 가는 길을 알려주다 | go straight 앞으로 곧장 가다 | turn to the right 우회전하다 | intersection 교차로

발음을 익혀볼까요?

발음법칙 ①

자음이 충돌하면 앞 자음의 발음이 순간 끊어지면서 소리 나지 않는다.

발음법칙 ②

자음과 모음이 이어지면 자음의 발음이 살아난다.

발음법칙 ③

[n]과 [t]가 연이어 나오면 [t]발음이 흔히 생략된다.

발음법칙 ④

[t]와 [d]는 모음 사이에서는 [r]로 바뀌어 발음된다.

 다음 문장들을 발음법칙에 입각해서 정확히 크게 소리 내어 열 번 이상 읽으세요.

1. You just go straight and turn to the right.
☞ 적용 발음법칙 : ① ④ ①

2. How long does it take to the Central Park?
☞ 적용 발음법칙 : ② ① ①

3. About fifteen minutes.
☞ 적용 발음법칙 : ①

문장의 억양을 익혀볼까요?

한 문장의 억양은 특정한 어휘들에 붙는 강세와 약세의 현상을 의미한다.

억양의 법칙 ①

문장의미를 주도하는 명사, 일반동사, 형용사, 부사 등에 강세가 붙는다.

억양의 법칙 ②

be 동사, 전치사, 관사, 접속사 등에는 일반적으로 강세가 붙지 않는다.

억양의 법칙 ③

화자의 의지에 따라서 be 동사, 전치사, 관사 등의 의미를 강조해서 말하고 싶다면 그런 품사들에게 강세가 들어갈 수 있다.

 다음 문장들을 억양의 법칙에 입각해서 정확히 크게 소리 내어 열 번 이상 읽으세요.

1. Can you <u>show</u> me the <u>way</u> to the <u>subway</u> <u>station</u>?

2. You just <u>go</u> <u>straight</u> and <u>turn</u> to the <u>right</u> at the <u>first</u> <u>intersection</u>.

3. <u>How</u> <u>long</u> does it <u>take</u> to the <u>Central</u> <u>Park</u> by <u>subway</u>?

4. About <u>fifteen</u> <u>minutes</u>.

> 패턴을 익혀볼까요?

How long ~?

'~하는데 걸리는 시간이 얼마인가?'의 의미를 갖는 패턴입니다. 물론 '길이'를 물을 때도 사용할 수 있지만 본문에서는 '시간'을 물을 때로 한정 지어서 설명합니다.

* *How long*   does it take to the central park?

                did it take you to finish the job

                will I be there

                have you lived here in this apartment

                is it

Central Park

 패턴 해석

센트럴 파크까지 가려면 시간이 얼마나 걸려? | 그 일을 끝내는데 시간이 얼마나 걸렸어? | 내가 거기에 얼마 동안 있게 되는 거야? | 이 아파트에 얼마 동안 사셨어요? | 그거 시간이 얼마나 걸리는데?

표현을 익혀볼까요?

1. Can you show me the way to the subway station?
지하철역까지 가는 길을 좀 가르쳐주시겠어요?

show me the way to ~는 '내게 ~까지 가는 길을 알려달라'는 의미입니다. '지하철역'은 subway station이라고 하지요.

2. You just go straight.
그냥 앞으로 쭉 가세요.

just는 우리말의 '그냥'에 해당되는 부사입니다. go straight는 '앞으로 곧장 쭉 가다'의 의미이지요.

3. Turn to the right at the first intersection.
첫 번째 교차로에서 우회전해라.

turn to the right은 '오른쪽으로 돌다'의 의미입니다. intersection은 우리가 흔히 말하는 '사거리', 즉 '교차로'입니다.

4. How long does it take to the Central Park by subway?
센트럴 파크까지 지하철로 가면 시간이 얼마나 걸립니까?

동사 take는 '시간이 걸리다'의 의미로 사용되고 있습니다. '지하철로'를 말할 때는 by subway를 이용합니다.

21 | 여행 중에
길을 잃었을 때

ME   Excuse me.

SHE   Yes?

ME   I'm lost. I don't know where I am.

SHE   Oh, you're on the 72nd street, Park Avenue. Where are you going?

ME   I'm going to Marquis Marriott Hotel.

SHE   The hotel is on Broadway in Times Square. Far away from here.

ME   No problem. Please show me the way to the hotel.

SHE   I think you'd better take the subway.

ME   Thank you, but I'm a tourist. Walking is better for me.

SHE   Hahaha. Okay, you should listen carefully.

나	저기요.
그녀	예?
나	제가 길을 잃었습니다. 여기가 어디인지 모르겠어요.
그녀	여기는 파크 에비뉴 72가에요. 어디로 가시는 길인데요?
나	마키스 메리엇 호텔이요.
그녀	그 호텔은 타임스퀘어의 브로드웨이에 있는 거잖아요. 여기에서 아주 멀어요.
나	괜찮습니다. 호텔까지 가는 길을 좀 알려주세요.
그녀	지하철을 타시는 게 나을 것 같은데.
나	고맙지만 전 여행자에요. 걷는 게 제겐 더 좋습니다.
그녀	하하하. 알겠습니다. 주의 깊게 잘 들으셔야 돼요.

be lost 길을 잃다 | far away from ~에서 아주 멀리 떨어져 있는 | you'd better ~하는 게 더 낫다 | tourist 여행자 | walking 걷기

발음을 익혀볼까요?

발음법칙 ①

자음이 충돌하면 앞 자음의 발음이 순간 끊어지면서 소리 나지 않는다.

발음법칙 ②

자음과 모음이 이어지면 자음의 발음이 살아난다.

발음법칙 ③

[n]과 [t]가 연이어 나오면 [t]발음이 흔히 생략된다.

발음법칙 ④

[t]와 [d]는 모음 사이에서는 [r]로 바뀌어 발음된다.

 다음 문장들을 발음법칙에 입각해서 정확히 크게 소리 내어 열 번 이상 읽으세요.

1. The hotel is on Broadway in Times Square.
☞ 적용 발음법칙 : ② ② ① ①

2. You'd better take the subway.
☞ 적용 발음법칙 : ① ④ ① ①

3. You should listen carefully.
☞ 적용 발음법칙 : ①

문장의 억양을 익혀볼까요?

한 문장의 억양은 특정한 어휘들에 붙는 강세와 약세의 현상을 의미한다.

억양의 법칙 ①

문장의미를 주도하는 명사, 일반동사, 형용사, 부사 등에 강세가 붙는다.

억양의 법칙 ②

be 동사, 전치사, 관사, 접속사 등에는 일반적으로 강세가 붙지 않는다.

억양의 법칙 ③

화자의 의지에 따라서 be 동사, 전치사, 관사 등의 의미를 강조해서 말하고 싶다면 그런 품사들에게 강세가 들어갈 수 있다.

 다음 문장들을 억양의 법칙에 입각해서 정확히 크게 소리 내어 열 번 이상 읽으세요.

1. I don't know where I am.

2. The hotel is on Broadway in Times Square.

3. Far away from here.

4. Please show me the way to the hotel.

5. I think you'd better take the subway.

6. Walking is better for me.

7. You should listen carefully.

> 패턴을 익혀볼까요?

You should

'너는 ~을 해야 하다'의 의미를 전하는 패턴입니다. 그렇다고 '강요'는 아닙니다. '강한 권유'입니다. 뭔가를 잘 견뎌나간다든지 뭔가를 이루기 위해서는 이렇게 하는 것이 좋다는 강한 권유인 겁니다.

* *You should* listen carefully.
　　　　　　　be more careful
　　　　　　　take my word for it
　　　　　　　follow the directions
　　　　　　　proceed to Gate No. 27

 패턴 해석

너 주의 깊게 들어야 해. | 너 좀 더 조심해야 돼. | 내 말을 있는 그대로[액면 그대로] 받아들여야 돼. | 너 지시대로 따라 해야 돼. | 27번 게이트로 가셔야 합니다.

> 표현을 익혀볼까요?

1. I'm lost. I don't know where I am.
길을 잃었어요. 여기가 어딘지 모르겠네요.

be lost는 '방향을 잃고 어디가 어딘지 몰라서 헤매고 있다'는 의미입니다. Where am I? 라고 하면 "여기가 어딘가요?"이고 I don't know where I am.이라고 하면 "여기가 어딘지 모르겠다."는 의미를 전하게 됩니다.

2. It's far away from here.
그곳은 여기에서 멀리 떨어져 있습니다.

far away는 '시야에서 멀리 떨어져 있는 상태인'의 의미이고 여기에 from이 이어지면서 '~에서 멀리 떨어져 있는'의 의미가 됩니다.

3. You'd better take the subway.
지하철을 타는 게 더 나을 텐데요.

You'd better는 더 많은 것을 알고 있는 입장에서 상대에게 충고하듯이 던지는 말입니다. 물론, 자신보다 나이가 많은 어른에게 사용하는 패턴은 아닙니다. take the subway는 '지하철을 타다'입니다.

4. Walking is better for me. 걷는 것이 제게는 더 낫죠.

동명사 walking이 주어로 쓰였습니다. 그저 '걷는 것'이 아니라 '걷는 행위'에 해당됩니다. 아무리 명사라도 동사에서 파생된 동명사는 '동작'의 의미가 포함되어 있습니다.

22 | 여행 중에
지인에게 전화할 때

SHE   ABC Trading Co. May I help you?

ME   May I speak to Sam Smith?

SHE   Sam Smith? He's in a meeting. Who's calling, please?

ME   I'm a friend of his from Korea. I was supposed to call him an hour ago, but I couldn't.

SHE   You're Taehoon?

ME   That's right.

SHE   He was waiting for your call. May I take a message?

ME   Just let him know that I'm going to call again. When is the meeting being finished?

SHE   I guess in about 30 minutes.

ME   Good. I'll call back in an hour.

SHE   Okay. I'll let him know you're going to call.

ME   Thank you.

그녀	ABC 무역회사입니다. 뭘 도와드릴까요?
나	샘 스미스 계십니까?
그녀	샘 스미스요? 지금 회의 중이십니다. 누구시죠?
나	한국에서 온 샘 스미스 친구입니다. 한 시간 전에 전화하기로 했었는데 못했습니다.
그녀	태훈씬가요?
나	맞습니다.
그녀	전화 기다리고 계셨어요. 메모 남기시겠습니까?
나	그냥 제가 다시 전화하겠다고 전해주세요. 회의가 언제 끝납니까?
그녀	30분 정도 후면 끝날 것 같아요.
나	알겠습니다. 한 시간 후에 전화하겠습니다.
그녀	그러시죠. 전화 하실 거라고 말씀 드리겠습니다.
나	감사합니다.

May I speak to ~? ~좀 바꿔 주시겠습니까? | in a meeting 회의 중인 | be supposed to ~하기로 되어 있다 | let him know 그에게 알려주다

발음을 익혀볼까요?

발음법칙 ①

자음이 충돌하면 앞 자음의 발음이 순간 끊어지면서 소리 나지 않는다.

발음법칙 ②

자음과 모음이 이어지면 자음의 발음이 살아난다.

발음법칙 ③

[n]과 [t]가 연이어 나오면 [t]발음이 흔히 생략된다.

발음법칙 ④

[t]와 [d]는 모음 사이에서는 [r]로 바뀌어 발음된다.

발음법칙 ⑤

[h]는 자음과 모음 사이에 놓였을 때 흔히 탈락된다.

 다음 문장들을 발음법칙에 입각해서 정확히 크게 소리 내어 열 번 이상 읽으세요.

1. I'm a friend of his from Korea.
☞ **적용 발음법칙** : ② ② ⑤ ②

2. I was supposed to call him an hour ago.
☞ **적용 발음법칙** : ① ① ⑤ ② ② ⑤ ②

3. I'll call back in an hour.
☞ **적용 발음법칙** : ② ② ⑤ ②

문장의 억양을 익혀볼까요?

한 문장의 억양은 특정한 어휘들에 붙는 강세와 약세의 현상을 의미한다.

억양의 법칙 ①
문장의미를 주도하는 명사, 일반동사, 형용사, 부사 등에 강세가 붙는다.

억양의 법칙 ②
be 동사, 전치사, 관사, 접속사 등에는 일반적으로 강세가 붙지 않는다.

억양의 법칙 ③
화자의 의지에 따라서 be 동사, 전치사, 관사 등의 의미를 강조해서 말하고 싶다면 그런 품사들에게 강세가 들어갈 수 있다.

 다음 문장들을 억양의 법칙에 입각해서 정확히 크게 소리 내어 열 번 이상 읽으세요.

1. May I <u>speak</u> to <u>Sam</u> <u>Smith</u>?
2. I'm a <u>friend</u> of <u>his</u> from <u>Korea</u>.
3. I was <u>supposed</u> to <u>call</u> him an <u>hour</u> <u>ago</u>.
4. He was <u>waiting</u> for your <u>call</u>.
5. Just <u>let</u> him <u>know</u> that I'm going to <u>call</u> <u>again</u>.
6. I'll <u>call</u> <u>back</u> in an <u>hour</u>.

패턴을 익혀볼까요?

Just let him know

'그에게 그저 ~라는 사실을 알려주다'의 의미를 전하는 패턴입니다. 부사 just는 '다른 것 말고 그저 이것만'의 느낌을 전하지요. let him know는 '그가 알게 하다', 즉 '그에게 알리다'입니다.

Just let him know
- I'm going to call again.
- I'm too busy to drop by
- that I called
- something happened suddenly
- I don't want it
- the contract is cancelled

패턴 해석

다시 전화하겠다고만 알려 주세요. | 너무 바빠서 들를 수 없다고만 얘기해줘요. | 내가 전화했다고만 알려줘. | 갑자기 일이 생겼다고만 전해줘. | 나는 그것을 원하지 않는다고만 전해줘. | 계약이 파기되었다고만 전해줘요.

> 표현을 익혀볼까요?

1. May I speak to Sam Smith? 샘 스미스 바꿔주세요.

전화를 걸어서 누군가를 바꿔달라고 정중하게 말할 때 May I speak to ~? 패턴을 씁니다. '~와 대화할 수 있을까요?'가 직역입니다.

2. He's in a meeting. 그는 지금 회의 중입니다.

명사 meeting에는 '회의'의 의미가 포함되어 있지요. 그래서 in a meeting은 '회의에 참석 중인'의 의미로 쓰입니다.

3. Who's calling, please? 전화 거시는 분은 누군가요?

지금 전화를 걸고 있는 사람의 이름과 그가 통화를 원하는 사람과의 관계를 묻는 대표적인 질문입니다.

4. I'm a friend of his from Korea.
저는 한국에서 온 그의 친구입니다.

'내 친구'는 a friend of mine, '너의 친구'는 a friend of yours, '그녀의 친구'는 a friend of hers, 그리고 '그의 친구'는 a friend of his입니다.

5. I'll call back in an hour. 한 시간 후에 다시 전화할게.

call back은 '다시 전화하다'이며 in an hour는 '한 시간 후에'를 의미합니다. 시간을 말할 때 in이 '~후에'의 의미를 전한다는 사실을 기억해야 합니다.

23 | 여행 중에
교통수단을 물을 때

ME   Excuse me.

HE   Yes?

ME   I'm a tourist. How can I get to Chelsea Market?

HE   Oh, I'm a tourist too.

ME   Really? You don't look like a tourist.

HE   Hahaha, don't I? But I can tell you how to get to Chelsea Market.

ME   Oh, thank you.

HE   You'd better take the subway. The market is on 9th Avenue between 15th and 16th streets.

ME   I see. On 9th Avenue between 15th and 16th streets.

HE   That's right. It's six. The market closes at eight on Sunday. You need to hurry.

ME   Is that right? Thank you.

나　　저기요.

그　　예?

나　　전 여행자인데요. 첼시마켓에 어떻게 뭘 타고 가야 되나요?

그　　아, 저도 여행자에요.

나　　정말요? 여행자처럼 보이지 않으세요.

그　　하하하, 그런가요? 하지만 첼시마켓에 가는 방법은 제가 말씀드릴 수 있죠.

나　　아, 감사합니다.

그　　전철을 타시는 게 좋습니다. 첼시마켓은 9번가에 있는데 15가와 16 가 사이에 있습니다.

나　　알겠습니다. 15가와 16가 사이 9번가요.

그　　그렇습니다. 지금 6시에요. 마켓은 일요일에는 8시에 문 닫아요. 서두르셔야 돼요.

나　　그래요? 감사합니다.

tourist 여행자 | get to ~에 도착하다 | take the subway 전철을 타다 | close 영업이 종료되다 | hurry 서두르다

발음을 익혀볼까요?

발음법칙 ①
자음이 충돌하면 앞 자음의 발음이 순간 끊어지면서 소리 나지 않는다.

발음법칙 ②
자음과 모음이 이어지면 자음의 발음이 살아난다.

발음법칙 ③
[n]과 [t]가 연이어 나오면 [t]발음이 흔히 생략된다.

발음법칙 ④
[t]와 [d]는 모음 사이에서는 [r]로 바뀌어 발음된다.

 다음 문장들을 발음법칙에 입각해서 정확히 크게 소리 내어 열 번 이상 읽으세요.

1. How can I get to Chelsea Market?
☞ 적용 발음법칙 : ② ①

2. You'd better take the subway.
☞ 적용 발음법칙 : ① ④ ① ①

3. The market closes at eight on Sunday.
☞ 적용 발음법칙 : ① ② ④ ④

문장의 억양을 익혀볼까요?

한 문장의 억양은 특정한 어휘들에 붙는 강세와 약세의 현상을 의미한다.

억양의 법칙 ①
문장의미를 주도하는 명사, 일반동사, 형용사, 부사 등에 강세가 붙는다.

억양의 법칙 ②
be 동사, 전치사, 관사, 접속사 등에는 일반적으로 강세가 붙지 않는다.

억양의 법칙 ③
화자의 의지에 따라서 be 동사, 전치사, 관사 등의 의미를 강조해서 말하고 싶다면 그런 품사들에게 강세가 들어갈 수 있다.

 다음 문장들을 억양의 법칙에 입각해서 정확히 크게 소리 내어 열 번 이상 읽으세요.

1. How can I get to Chelsea Market?
2. You don't look like a tourist.
3. I can tell you how to get to Chelsea Market.
4. You'd better take the subway.
5. The market closes at eight on Sunday.
6. You need to hurry.

> 패턴을 익혀볼까요?

How can I ~?

'내가 어떻게 ~할 수 있는가?'를 의미하는 패턴입니다. 무엇인가에 대해서 내가 할 수 있는 방법을 묻는 것이지요. 일상생활 속에서의 활용빈도가 대단히 높은 패턴입니다.

* *How can I*   get to Chelsea Market?
　　　　　　　deal with it
　　　　　　　handle him
　　　　　　　order
　　　　　　　face him
　　　　　　　explain that to him

 패턴 해석

첼시마켓까지 뭘 타고 가면 되지? | 그 문제를 어떻게 해결할 수 있을까? | 그를 어떻게 다루어야 되는 걸까? | 어떻게 주문해야 돼? | 걔하고 어떻게 얼굴을 마주할 수가 있겠어? | 그것을 그에게 어떻게 설명할 수 있을까?

> 표현을 익혀볼까요?

1. How can I get to Chelsea Market?

첼시마켓에 무엇을 타고 가야 될까?

how get to ~는 어딘가에 어떻게 가야 되는지 '방법'을 묻는 것이 아니라 '교통수단'을 묻는 표현입니다. 혼동하지 말아야 합니다.

2. You don't look like a tourist.

여행자처럼 보이지 않네요.

look like ~는 '외모가 ~처럼 보이다'의 의미입니다. '외모'라고 말할 수 있는 것은 look이 '눈으로 보다'의 의미이기 때문입니다.

3. The market closes at eight on Sunday.

그 시장은 일요일 8시에 문을 닫는다.

close는 단순히 '문을 닫다'가 아니라 '영업시간을 종료하다'의 의미로 사용되고 있습니다. 요일 앞에는 반드시 on이 붙습니다.

4. You need to hurry.

너 서둘러야 돼.

need to ~는 '꼭 ~할 필요가 있다'는 의미입니다. 그래서 '반드시 ~해야 돼'의 느낌으로 이해합니다.

24 | 여행 중에 택시를 탔을 때

HE   Where to?
ME   Marquis Marriott Hotel.
HE   Is it on the 32nd street?
ME   No. It's on Broadway in Times Square.
HE   I see.
ME   How long do you think this'll take?
HE   Seven minutes.
ME   Seven. Not eight? Not six? Okay if I time you?
HE   Knock yourself out.
ME   What do I get if you're wrong? A free ride?

그	어디로 모실까요?

나	마키스 메리엇 호텔이요.

그	32가에 있는 겁니까?

나	아니요. 타임스퀘어 브로드웨이에 있어요.

그	알겠습니다.

나	시간이 얼마나 걸릴 것 같아요?

그	7분이요.

나	7분. 8분은 아니고요? 6분이 아니고요? 시간을 재봐도 될까요?

그	그러고 싶으면 그러시든가.

나	아저씨가 틀리면 저한테 뭘 주실래요? 택시비 공짜?

take 시간이 걸리다 | time 시간을 재다 | knock yourself out 왜 그러는지 이해되지는 않지만 하고 싶으면 그렇게 하라 | a free ride 공짜 탑승

발음을 익혀볼까요?

발음법칙 ①

자음이 충돌하면 앞 자음의 발음이 순간 끊어지면서 소리 나지 않는다.

발음법칙 ②

자음과 모음이 이어지면 자음의 발음이 살아난다.

발음법칙 ③

[n]과 [t]가 연이어 나오면 [t]발음이 흔히 생략된다.

발음법칙 ④

[t]와 [d]는 모음 사이에서는 [r]로 바뀌어 발음된다.

 다음 문장들을 발음법칙에 입각해서 정확히 크게 소리 내어 열 번 이상 읽으세요.

1. Is it on the 32nd street?
 ☞ 적용 발음법칙 : ② ④ ④ ①

2. It's on Broadway in Times Square.
 ☞ 적용 발음법칙 : ② ① ①

3. What do I get if you're wrong?
 ☞ 적용 발음법칙 : ④ ④

문장의 억양을 익혀볼까요?

한 문장의 억양은 특정한 어휘들에 붙는 강세와 약세의 현상을 의미한다.

억양의 법칙 ①
문장의미를 주도하는 명사, 일반동사, 형용사, 부사 등에 강세가 붙는다.

억양의 법칙 ②
be 동사, 전치사, 관사, 접속사 등에는 일반적으로 강세가 붙지 않는다.

억양의 법칙 ③
화자의 의지에 따라서 be 동사, 전치사, 관사 등의 의미를 강조해서 말하고 싶다면 그런 품사들에게 강세가 들어갈 수 있다.

 다음 문장들을 억양의 법칙에 입각해서 정확히 크게 소리 내어 열 번 이상 읽으세요.

1. It's on <u>Broadway</u> in <u>Times</u> <u>Square</u>.

2. <u>How</u> <u>long</u> do you <u>think</u> this'll <u>take</u>?

3. <u>Okay</u> if I <u>time</u> you?

4. <u>Knock</u> <u>yourself</u> <u>out</u>.

5. <u>What</u> do I <u>get</u> if you're <u>wrong</u>?

패턴을 익혀볼까요?

Okay if I ~?

'내가 ~해도 괜찮을까요?'의 의미를 전하는 패턴입니다. 완전한 문장은 Is it okay if I ~? 이며 okay는 '좋은'이 아니라 '괜찮은' 정도의 의미로 활용됩니다.

* *Okay if I*
  time you?
  return the book to her
  leave now
  call you John
  ask for your help
  speak to him
  sleep over at John's

 패턴 해석

네가 하는 일의 시간을 좀 재봐도 되겠어? | 그 책을 그녀에게 돌려줘도 되겠어? | 내가 지금 가봐도 되겠어? | 제가 그쪽을 존이라고 불러도 될까요? | 네 도움을 좀 요청해도 될까? | 그와 대화를 좀 해도 될까? | 존의 집에서 자고 와도 돼?

> 표현을 익혀볼까요?

1. Where to?
어디로 모실까요?

차를 탔을 때 기사가 던지는 첫 번째 질문입니다. Where should I take you to? 를 줄여서 쓰는 말이지요.

2. How long do you think this'll take?
이 일이 시간이 얼마나 걸릴까?

동사 take는 '시간이 걸리다'의 의미로 쓰이고 있습니다. do you think의 목적절로 this'll take가 쓰인 것이라서 will this take가 아니라 this will take임을 기억하셔야 합니다. do you think가 없다면 당연히 How long will this take?가 맞습니다.

3. Knock yourself out.
그러던가.

속어입니다. 나로서는 상대가 왜 그런 짓을 하겠다는 건지 잘 모르겠는데 굳이 하겠다면 못하게 할 이유도 없으니 "그렇게 하던가" 라고 말하는 것입니다.

4. There's no free ride. 세상에 공짜는 없지.

뭔가에 탑승을 할 때 공짜는 없다는 겁니다. 버스면 버스, 지하철이면 지하철, 택시면 택시, 반드시 돈이 있어야 탑승할 수 있다는 거죠. 그래서 "세상에 공짜는 없다."는 말로 사용됩니다.

25 | 여행 중에
fast food 주문할 때

[at a Burger King]

SHE   Good afternoon.

ME   Good afternoon. Two Mushroom Whoppers and one Cheese Whopper.

SHE   Two Mushroom Whoppers and one Cheese Whopper.

ME   And two cokes, please.

SHE   Two cokes. Is that all?

ME   Ah, sorry. One café latte.

SHE   One café latte. Do you want it sweetened?

ME   No, thanks.

HE   Okay. 24 dollars and 15 cents.

[버거킹에서]

그녀   어서오세요.

나   안녕하세요. 머시룸 와퍼 두 개와 치즈 와퍼 하나 주세요.

그녀   머시룸 와퍼 두 개와 치즈 와퍼 하나요.

나   그리고 콜라 두 잔이요.

그녀   콜라 두 잔이요. 주문 다 하신 거예요?

나   아, 죄송해요. 카페 라떼 한 잔이요.

그녀   카페 라떼 한 잔이요. 시럽 넣어드릴까요?

나   아니요.

그녀   알겠습니다. 24달러 15센트입니다.

coke 코카콜라 | sweeten 시럽을 넣다, 달게 하다

발음을 익혀볼까요?

발음법칙 ①

자음이 충돌하면 앞 자음의 발음이 순간 끊어지면서 소리 나지 않는다.

발음법칙 ②

자음과 모음이 이어지면 자음의 발음이 살아난다.

발음법칙 ③

[n]과 [t]가 연이어 나오면 [t]발음이 흔히 생략된다.

발음법칙 ④

[t]와 [d]는 모음 사이에서는 [r]로 바뀌어 발음된다.

 다음 문장들을 발음법칙에 입각해서 정확히 크게 소리 내어
열 번 이상 읽으세요.

1. Good afternoon.
☞ 적용 발음법칙 : ④

2. Do you want it sweetened?
☞ 적용 발음법칙 : ③ ② ① ④

문장의 억양을 익혀볼까요?

한 문장의 억양은 특정한 어휘들에 붙는 강세와 약세의 현상을 의미한다.

억양의 법칙 ①
문장의미를 주도하는 명사, 일반동사, 형용사, 부사 등에 강세가 붙는다.

억양의 법칙 ②
be 동사, 전치사, 관사, 접속사 등에는 일반적으로 강세가 붙지 않는다.

억양의 법칙 ③
화자의 의지에 따라서 be 동사, 전치사, 관사 등의 의미를 강조해서 말하고 싶다면 그런 품사들에게 강세가 들어갈 수 있다.

 다음 문장들을 억양의 법칙에 입각해서 정확히 크게 소리 내어 열 번 이상 읽으세요.

1. <u>Two</u> <u>Mushroom</u> <u>Whoppers</u> and <u>one</u> <u>Cheese</u> <u>Whopper</u>.

2. Do you <u>want</u> it <u>sweetened</u>?

3. <u>24</u> <u>dollars</u> and <u>fifteen</u> <u>cents</u>.

> 패턴을 익혀볼까요?

Do you want it ~?

'그것을 ~의 상태로 원하시나요?'의 의미를 전하는 패턴입니다. 상대의 의사를 정확히 묻는 패턴이기 때문에 적절하게 활용하면 큰 도움이 됩니다.

* *Do you want it*　　sweetened?
　　　　　　　　　　well-done
　　　　　　　　　　medium-rare
　　　　　　　　　　right away
　　　　　　　　　　by tomorrow
　　　　　　　　　　in cash

 패턴 해석

시럽을 넣어드릴까요? | 고기는 다 익힌 걸 원하시나요? | 고기는 반 정도 익혀드릴까요? | 지금 당장 원하세요? | 내일까지 원하시는 건가요? | 현금으로 드릴까요?

> 표현을 익혀볼까요?

1. Two cokes.

콜라 두 잔이요.

coke는 Coca Cola의 애칭입니다. Pepsi Cola의 애칭은 Pepsi이지요. 모든 콜라를 다 coke라고 부르는 것은 아닙니다.

2. Is that all?

그게 전부인가요?

음식점에서 주문을 하고 나면 종업원이 늘 묻는 질문입니다. "그 밖에 다른 건 주문하실 게 없나요?"를 뜻하는 질문입니다.

3. Do you want it sweetened?

시럽을 넣어드릴까요?

동사 sweeten은 '달게 만들다'이고 형용사 sweetened는 '단 상태인'을 의미합니다. 커피숍에서는 일반적으로 커피에 시럽을 넣어서 달게 만들기 때문에 해석을 그렇게 하는 것입니다.

26 | 여행 중에
커피숍에서 주문할 때

ME   I'd like a latte.

SHE   You mean a café latte?

ME   Yes.

SHE   And the size? Grande is okay?

ME   Yes. Grande.

SHE   There are three kinds of milk. Which one do you want?

ME   I want an original one.

SHE   Do you want it sweetened?

ME   No, thanks.

SHE   4.20 dollars.

나	라떼 한 잔 주세요.
그녀	까페 라떼 말씀하시는 거죠?
나	예.
그녀	크기는요? 그란데 괜찮으세요?
나	예, 그란데 주세요.
그녀	세 종류의 우유가 있습니다. 어떤 걸 원하세요?
나	오리지날로 주세요.
그녀	시럽 넣어드릴까요?
나	아니요, 그냥 주세요.
그녀	4달러 20센트입니다.

café latte 에스프레소 원액에 거품을 낸 뜨거운 우유를 부어서 만든 커피 | Grande 스타벅스에서 만든 컵 사이즈 중 Tall 다음으로 큰 용량을 일컫는 사이즈 | sweeten 달콤하게 하다, 시럽을 넣다

발음을 익혀볼까요?

발음법칙 ①

자음이 충돌하면 앞 자음의 발음이 순간 끊어지면서 소리 나지 않는다.

발음법칙 ②

자음과 모음이 이어지면 자음의 발음이 살아난다.

발음법칙 ③

[n]과 [t]가 연이어 나오면 [t]발음이 흔히 생략된다.

발음법칙 ④

[t]와 [d]는 모음 사이에서는 [r]로 바뀌어 발음된다.

 다음 문장들을 발음법칙에 입각해서 정확히 크게 소리 내어 열 번 이상 읽으세요.

1. I'd like a latte.
☞ 적용 발음법칙 : ① ②

2. There are three kinds of milk.
☞ 적용 발음법칙 : ① ② ①

3. I want an original one.
☞ 적용 발음법칙 : ③ ②

문장의 억양을 익혀볼까요?

한 문장의 억양은 특정한 어휘들에 붙는 강세와 약세의 현상을 의미한다.

억양의 법칙 ①
문장의미를 주도하는 명사, 일반동사, 형용사, 부사 등에 강세가 붙는다.

억양의 법칙 ②
be 동사, 전치사, 관사, 접속사 등에는 일반적으로 강세가 붙지 않는다.

억양의 법칙 ③
화자의 의지에 따라서 be 동사, 전치사, 관사 등의 의미를 강조해서 말하고 싶다면 그런 품사들에게 강세가 들어갈 수 있다.

 다음 문장들을 억양의 법칙에 입각해서 정확히 크게 소리 내어 열 번 이상 읽으세요.

1. I'd like a latte.
2. You mean a café latte?
3. There are three kinds of milk.
4. Which one do you want?
5. I want an original one.
6. Do you want it sweetened?

> 패턴을 익혀볼까요?

There are   '~이 있다', '~의 상태이다' 등의 의미를 전하는 패턴입니다. There is ~ 패턴과의 차이는 뒤에 단수명사가 오느냐 복수명사가 오느냐 뿐입니다. 활용도가 대단히 높은 패턴입니다.

* *There are*   three kinds of milk.
　　　　　　 more people than there were before
　　　　　　 a few more things to do
　　　　　　 too many people on this planet who don't have enough to eat
　　　　　　 no further e-mails from her

 패턴 해석

세 종류의 우유가 있어. | 예전보다 사람들이 더 많아. | 할 일이 좀 더 있어. | 이 지구상에는 먹을 게 충분치 않은 사람들이 너무나 많아. | 그녀에게서 더 이상의 이메일은 오지 않아요.

> 표현을 익혀볼까요?

1. I'd like a latte.
라떼 한 잔 주세요.

I'd like ~ 패턴은 상대에게 정중하게 부탁하거나 내 상태를 설명합니다. a latte는 '까페 라떼 한 잔'을 의미합니다.

2. There are three kinds of milk.
세 종류의 우유가 있습니다.

kind는 '종류'을 의미하고 kind of는 '~의 종류'입니다. 그래서 three kinds of 라고 하면 '~의 세 종류'가 되는 것입니다.

3. Which one do you want?
어떤 걸 원해?

여러 개 중에 하나를 선택해서 '어느 것'을 물을 때 which one을 사용합니다. which에 '선택'의 느낌이 있다는 것을 기억해야 합니다.

4. 4.20 dollars.
4달러 20센트야.

영어로 숫자를 읽고 듣는 것은 대단히 부담스럽습니다. 이렇게 소수점이 나올 경우에는 더욱 그렇습니다. Four dollars, twenty cents. 라고 읽는 것이 기본이고, Four point twenty dollars, 또는 point를 생략해서 Four Twenty dollars. 라고 읽을 수도 있습니다.

27 | 여행 중에
약국에서 약을 살 때

HE   Good afternoon. How may I help you?

ME   I have a bad headache.

HE   Oh, you need a pain killer.

ME   And I feel dizzy and chilly.

HE   Any other symptoms?

ME   I have a slight fever.

HE   And you cough and sneeze often?

ME   Not often, but I do.

HE   You're coming down with a cold.

ME   Do I have to go to see a doctor?

HE   I'll give you these pills, but if fever gets worse and lasts more than 3 days, you need to ask a doctor.

ME   I see. Can I take these pills with milk?

HE   No problem.

그	안녕하세요. 어떻게 오셨어요?

나	두통이 심해서요.

그	아, 두통약이 필요하신 거군요.

나	그리고 현기증에 오한도 있어요.

그	다른 증상은요?

나	열이 약간 있어요.

그	게다가 기침과 재채기를 자주 하고요?

나	자주는 아닌데 합니다.

그	감기기운이 있는 거네요.

나	병원에 가봐야 되나요?

그	이 알약을 드릴게요. 하지만 열이 더 심해지고 3일 이상 계속되면 병원에 가봐야 됩니다.

나	알겠습니다. 약을 우유하고 같이 먹어도 되나요?

그	상관 없습니다.

bad headache 심한 두통 | pain killer 진통제 | dizzy 현기증이 나는 | chilly 추운, 오한이 있는 | symptom 증상 | slight fever 미열 | cough 기침하다 | sneeze 재채기 하다 | come down with a cold 감기에 걸리다 | see a doctor 병원에 가서 진찰받다 | get worse 더 심해지다 | last 지속되다 | take pills 알약을 복용하다

발음을 익혀볼까요?

발음법칙 ①

자음이 충돌하면 앞 자음의 발음이 순간 끊어지면서 소리 나지 않는다.

발음법칙 ②

자음과 모음이 이어지면 자음의 발음이 살아난다.

발음법칙 ③

[n]과 [t]가 연이어 나오면 [t]발음이 흔히 생략된다.

발음법칙 ④

[t]와 [d]는 모음 사이에서는 [r]로 바뀌어 발음된다.

발음법칙 ⑤

[h]는 자음과 모음 사이에 놓였을 때 흔히 탈락된다.

 다음 문장들을 발음법칙에 입각해서 정확히 크게 소리 내어 열 번 이상 읽으세요.

1. I have a bad headache.
☞ 적용 발음법칙 : ② ⑤ ④ ④

2. You cough and sneeze often?
☞ 적용 발음법칙 : ② ① ②

3. Do I have to go to see a doctor?
☞ 적용 발음법칙 : ① ④

문장의 억양을 익혀볼까요?

한 문장의 억양은 특정한 어휘들에 붙는 강세와 약세의 현상을 의미한다.

억양의 법칙 ①
문장의미를 주도하는 명사, 일반동사, 형용사, 부사 등에 강세가 붙는다.

억양의 법칙 ②
be 동사, 전치사, 관사, 접속사 등에는 일반적으로 강세가 붙지 않는다.

억양의 법칙 ③
화자의 의지에 따라서 be 동사, 전치사, 관사 등의 의미를 강조해서 말하고 싶다면 그런 품사들에게 강세가 들어갈 수 있다.

 다음 문장들을 억양의 법칙에 입각해서 정확히 크게 소리 내어 열 번 이상 읽으세요.

1. I have a bad headache.
2. I feel dizzy and chilly.
3. I have a slight fever.
4. Do I have to go to see a doctor?
5. If fever gets worse and lasts more than 3 days, you need to ask a doctor.
6. Can I take these pills with milk?

> 패턴을 익혀볼까요?

Do I have to

'내가 반드시 ~을 해야 하나요?'의 의미를 전하는 패턴입니다. 주위 여건이나 상황이 그렇게 할 수 밖에 없다든지 누군가의 명령에 의해서 그렇게 해야만 할 때 사용합니다.

* *Do I have to*　go to see a doctor?
　　　　　　　apologize to him
　　　　　　　stay here
　　　　　　　speak to her
　　　　　　　take those pills
　　　　　　　ask for his help
　　　　　　　accept it

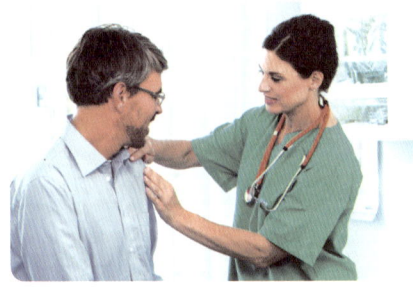

 패턴 해석

병원에 가서 진찰을 받아야 되나요? | 걔한테 내가 꼭 사과해야 돼? | 내가 꼭 여기에 머물러 있어야 돼? | 내가 그녀와 대화를 해야만 하는 거야? | 그 약을 꼭 먹어야 돼? | 그의 도움을 요청해야 되는 거야? | 내가 그걸 반드시 인정하고 받아들여야 되는 거야?

표현을 익혀볼까요?

1. I have a bad headache. 두통이 심해.

have a headache는 '두통이 있다'는 의미이고 have a bad headache 는 '두통이 심하다'입니다. bad에 '심한'의 뜻이 포함되어 있습니다.

2. I feel dizzy and chilly.
현기증이 있고 오한이 든다.

dizzy는 '배가 고프거나 몸이 좋지 않아서 현기증이 드는'의 의미를 전하는 형용사입니다. chilly는 '쌀쌀한', '추운' 등의 뜻이지요.

3. I have a slight fever.
몸에 열이 있어.

fever는 '몸에 나는 열'의 의미를 포함하기 때문에 have a fever는 '몸에 열이 나다'이고 slight는 '약간의', '조금의' 등의 뜻을 갖습니다.

4. If fever gets worse and lasts more than 3 days, you need to ask a doctor.
열이 점점 심해지고 3일 이상 지속되면 병원에 가봐야 됩니다.

get worse는 '점점 악화되다'인데 주어가 '열'이므로 '열이 점점 심해지다'로 이해합니다. 동사 last는 뭔가의 효능이나 상태가 '계속 지속되다'의 의미입니다. ask a doctor는 '의사에게 묻다'가 직역입니다. 이것을 '병원에 가보다'의 의미로 이해하는 것입니다.

28 | 여행 중에
옷 가게에서 옷을 살 때

ME   Excuse me.

SHE   Yes. How may I help you?

ME   I want this sweater, but I can't find my size.

SHE   Oh, you want a small size?

ME   Yes.

SHE   I'll go check if we have small sizes in stock.

ME   Wait a minute. I want this shirt too. Does it come in an X-large size?

SHE   Sure. We must have them in stock. I'll be back soon.

ME   Thank you.

나	저기요.
그녀	예. 뭘 도와드릴까요?
나	이 스웨터를 사고 싶은데 맞는 사이즈가 없네요.
그녀	스몰 사이즈를 원하시나요?
나	예.
그녀	스몰 사이즈 재고가 있는지 확인해보겠습니다.
나	잠깐만요. 이 셔츠도요. 엑스라지 사이즈도 나오나요?
그녀	물론이죠. 재고 있을 겁니다. 바로 확인하고 올게요.
나	감사합니다.

go check if ~ 가서 ~인지 아닌지를 확인하다 | in stock 재고가 있는 | come in ~로 나오다 | be back 돌아오다

발음을 익혀볼까요?

발음법칙 ①

자음이 충돌하면 앞 자음의 발음이 순간 끊어지면서 소리 나지 않는다.

발음법칙 ②

자음과 모음이 이어지면 자음의 발음이 살아난다.

발음법칙 ③

[n]과 [t]가 연이어 나오면 [t]발음이 흔히 생략된다.

발음법칙 ④

[t]와 [d]는 모음 사이에서는 [r]로 바뀌어 발음된다.

 다음 문장들을 발음법칙에 입각해서 정확히 크게 소리 내어 열 번 이상 읽으세요.

1. I want this sweater, but I can't find my size.
☞ 적용 발음법칙 : ③[①] ① ④ ④ ③[①] ①

2. I'll go check if we have small sizes in stock.
☞ 적용 발음법칙 : ② ① ②

3. Does it come in an X-large size?
☞ 적용 발음법칙 : ② ① ② ② ②

문장의 억양을 익혀볼까요?

한 문장의 억양은 특정한 어휘들에 붙는 강세와 약세의 현상을 의미한다.

억양의 법칙 ①

문장의미를 주도하는 명사, 일반동사, 형용사, 부사 등에 강세가 붙는다.

억양의 법칙 ②

be 동사, 전치사, 관사, 접속사 등에는 일반적으로 강세가 붙지 않는다.

억양의 법칙 ③

화자의 의지에 따라서 be 동사, 전치사, 관사 등의 의미를 강조해서 말하고 싶다면 그런 품사들에게 강세가 들어갈 수 있다.

 다음 문장들을 억양의 법칙에 입각해서 정확히 크게 소리 내어 열 번 이상 읽으세요.

1. I <u>want</u> this <u>sweater</u>, but I <u>can't</u> <u>find</u> my <u>size</u>.

2. I'll <u>go</u> <u>check</u> if we <u>have</u> <u>small</u> <u>sizes</u> in <u>stock</u>.

3. Does it <u>come</u> in an <u>X-large</u> <u>size</u>?

4. We <u>must</u> <u>have</u> <u>them</u> in <u>stock</u>.

5. I'll <u>be</u> <u>back</u> <u>soon</u>.

> 패턴을 익혀볼까요?

I can't

'나는 ~을 할 수 없다'의 의미를 전하는 패턴입니다. 능력이 없던지 그럴만한 가능성이 없을 때 사용하지요. 조동사의 정확한 의미를 이해하고 있어야 대화가 자연스러워집니다.

I can't find my size.
help it
believe I said that
accept these from him
look him in the eye
eat all this

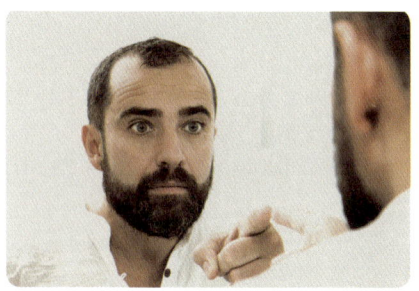

 패턴 해석

내 사이즈를 찾을 수가 없어. | 난 어쩔 수가 없는 걸. | 내가 그런 말을 했다는 게 믿어지지 않아. | 그가 보낸 거 이런 건 받을 수 없어. | 걔 눈을 똑바로 볼 수가 없네. | 내가 이걸 다 어떻게 먹어. 못 먹어.

표현을 익혀볼까요?

1. I'll go check if we have small sizes in stock.
가서 스몰 사이즈 재고가 있는지 확인해보겠습니다.

go check은 go to check에서 to가 생략된 것입니다. '지금 당장'의 의미를 강조하기 위해서 미래의 의미를 전하는 to를 생략한 것이지요. go check if는 '~인지 아닌지를 확인하다'입니다. in stock은 '재고가 있는'의 의미이지요.

2. Does it come in an X-large size?
이게 X-large 사이즈로 나오나요?

come in은 '~의 상태로 발매되다'의 의미로 쓰이고 있습니다. X-large는 extra-large를 의미합니다.

3. We must have them in stock.
그건 재고가 있을 겁니다.

must는 '의무'가 아니라 '강한 추측'의 의미로 사용되고 있습니다. have something in stock은 '~의 재고가 있다'는 의미입니다.

4. I'll be back soon. **곧 돌아오겠습니다.**

곧 돌아올 테니 잠깐만 기다려달라고 말할 때 사용하는 표현입니다. be back은 come back의 의미입니다. I'll은 '나의 순간적인 의지'를 말할 때 사용합니다.

29 | 여행 중에
전화로 위치와 영업시간을 물을 때

HE   Tiffany & Co. May I help you?

ME   Hi. I'm looking for your store. Where is it located?

HE   Where are you now?

ME   I'm on 7th Avenue and 54th street.

HE   Oh, you're near here.

ME   Am I?

HE   Yes. We're on 5th Avenue and 57th street.

ME   Oh, thank you. What time does your store close?

HE   We close at seven, Monday through Saturday, and at six on Sunday.

ME   Thank you.

그	티파니 앤 코입니다. 말씀 하십쇼.
나	안녕하세요. 제가 지금 그쪽 매장을 찾고 있는 중인데요. 어디에 위치해 있나요?
그	지금 어디에 계십니까?
나	7번가 54가에 있습니다.
그	여기에서 가까이 계시네요.
나	그렇습니까?
그	예. 우리 매장은 5번가 57가에 있습니다.
나	감사합니다. 몇 시에 문 닫나요?
그	7시에 닫습니다. 월요일부터 토요일까지요. 그리고 일요일에는 6시에 닫습니다.
나	감사합니다.

look for 어디에 있는지 몰라서 찾다 | be located 위치해 있다 | near here 여기에서 가까운 | close 영업시간을 끝내다

발음을 익혀볼까요?

발음법칙 ①

자음이 충돌하면 앞 자음의 발음이 순간 끊어지면서 소리 나지 않는다.

발음법칙 ②

자음과 모음이 이어지면 자음의 발음이 살아난다.

발음법칙 ③

[n]과 [t]가 연이어 나오면 [t]발음이 흔히 생략된다.

발음법칙 ④

[t]와 [d]는 모음 사이에서는 [r]로 바뀌어 발음된다.

 다음 문장들을 발음법칙에 입각해서 정확히 크게 소리 내어 열 번 이상 읽으세요.

1. Where is it located?

☞ 적용 발음법칙 : ② ② ① ④

2. What time does your store close?

☞ 적용 발음법칙 : ① ②

3. We close at seven, Monday through Saturday, and at six on Sunday.

☞ 적용 발음법칙 : ② ① ④ ② ① ②

문장의 억양을 익혀볼까요?

한 문장의 억양은 특정한 어휘들에 붙는 강세와 약세의 현상을 의미한다.

억양의 법칙 ①
문장의미를 주도하는 명사, 일반동사, 형용사, 부사 등에 강세가 붙는다.

억양의 법칙 ②
be 동사, 전치사, 관사, 접속사 등에는 일반적으로 강세가 붙지 않는다.

억양의 법칙 ③
화자의 의지에 따라서 be 동사, 전치사, 관사 등의 의미를 강조해서 말하고 싶다면 그런 품사들에게 강세가 들어갈 수 있다.

 다음 문장들을 억양의 법칙에 입각해서 정확히 크게 소리 내어 열 번 이상 읽으세요.

1. I'm looking for your store.
2. Where is it located?
3. You're near here.
4. What time does your store close?
5. We close at seven, Monday through Saturday, and at six on Sunday.

패턴을 익혀볼까요?

I'm looking for

'나는 지금 ~을 찾고 있다'는 의미를 전하는 패턴입니다. look for는 '~이 어디에 있는지 몰라서 찾다'의 의미이지요. 반면에 '이미 찾은 상태'를 말할 때는 find를 씁니다.

* *I'm looking for*　　your store.

　　　　　　　　　　a job

　　　　　　　　　　a book on music

　　　　　　　　　　evidence

　　　　　　　　　　a way out

　　　　　　　　　　an apartment

 패턴 해석

나 지금 너희 가게 찾고 있는 중이야. | 지금 일자리를 찾고 있는 중입니다. | 음악에 관한 책을 찾고 있습니다. | 지금 증거를 찾는 중이야. | 지금 빠져나갈 구멍을 찾는 중이야. | 아파트 사려고 지금 찾고 있는 중이야.

> 표현을 익혀볼까요?

1. Where is it located? 거기 위치가 어딘데?

locate는 '특정한 위치에 두다'의 의미입니다. 그래서 be located는 '~에 위치하다'의 의미를 갖게 됩니다.

2. Where are you now? 너 지금 어디야?

상대의 현재 위치를 묻는 가장 기본적인 질문입니다. 만일 "여기가 어디지?"라고 묻고 싶을 땐 Where am I?라고 합니다.

3. You're near here. 이 근처이시네요.

near는 전치사로 쓰여서 '~에서 가까이'라는 의미를 갖습니다. here는 명사로서 '이곳'이지요. 결국 near here는 '이 근처에서'입니다.

4. What time does your store close?
가게 문은 언제 닫아요?

close는 단순히 '닫다'가 아니라 '가게 문을 닫다'의 의미로 쓰이고 있습니다. 반대로 '가게 문을 연다'는 당연히 open 입니다.

5. Monday through Saturday.
월요일에서 토요일까지.

through는 '처음부터 끝까지', '관통해서' 등의 의미를 갖습니다. 결국 '월요일부터 토요일까지 계속'의 의미가 포함된 표현입니다.

30 | 여행 중에 마음에 드는 이성에게 말을 걸 때

[in a café]

ME　　Excuse me.

SHE　Yes?

ME　　Can I sit here? I'd like to talk to you a minute.

SHE　Well... no problem.

ME　　You look so beautiful.

SHE　Oh, thank you.

ME　　You don't look like an American.

SHE　Don't I? I'm American.

ME　　Oh, are you? You're so attractive for an American.

SHE　What do you mean by that? Americans are not attractive at all?

ME　　I didn't say that. Don't misunderstand me. I've never seen such an attractive American woman like you. That's what I meant.

SHE　Oh, stop flattering me.

ME　　You know I'm serious.

SHE　So, where are you from?

나	실례합니다.
그녀	예?
나	좀 앉아도 될까요? 잠깐 말씀 좀 나누고 싶은데요.
그녀	예, 뭐... 괜찮습니다.
나	정말 아름다우세요.
그녀	감사합니다.
나	미국인같이 보이지 않으시네요.
그녀	그래요? 저 미국사람인데요.
나	아, 그러세요? 미국인이라고 하기엔 정말 매력적이신데요.
그녀	무슨 말씀이세요? 미국인은 전혀 매력적이지 않다는 말씀이세요?
나	그런 얘기는 아니고요. 오해하지 마세요. 당신처럼 매력적인 미국여성은 본 적이 없어서요. 그런 뜻이었습니다.
그녀	과찬이세요.
나	진심으로 드리는 말씀입니다.
그녀	그런데, 어느 나라 분이세요?

a minute(=for a minute) 잠깐 동안 | attractive 매력적인 | misunderstand 오해하다 | flatter 아첨하다 | serious 진심인

발음을 익혀볼까요?

발음법칙 ①

자음이 충돌하면 앞 자음의 발음이 순간 끊어지면서 소리 나지 않는다.

발음법칙 ②

자음과 모음이 이어지면 자음의 발음이 살아난다.

발음법칙 ③

[n]과 [t]가 연이어 나오면 [t]발음이 흔히 생략된다.

발음법칙 ④

[t]와 [d]는 모음 사이에서는 [r]로 바뀌어 발음된다.

 다음 문장들을 발음법칙에 입각해서 정확히 크게 소리 내어 열 번 이상 읽으세요.

1. I'd like to talk to you a minute.
☞ 적용 발음법칙 : ① ① ①

2. You don't look like an American.
☞ 적용 발음법칙 : ③[①] ① ② ②

3. Americans are not attractive at all?
☞ 적용 발음법칙 : ② ④ ② ④

문장의 억양을 익혀볼까요?

한 문장의 억양은 특정한 어휘들에 붙는 강세와 약세의 현상을 의미한다.

억양의 법칙 ①

문장의미를 주도하는 명사, 일반동사, 형용사, 부사 등에 강세가 붙는다.

억양의 법칙 ②

be 동사, 전치사, 관사, 접속사 등에는 일반적으로 강세가 붙지 않는다.

억양의 법칙 ③

화자의 의지에 따라서 be 동사, 전치사, 관사 등의 의미를 강조해서 말하고 싶다면 그런 품사들에게 강세가 들어갈 수 있다.

 다음 문장들을 억양의 법칙에 입각해서 정확히 크게 소리 내어 열 번 이상 읽으세요.

1. I'd like to talk to you a minute.
2. You look so beautiful.
3. You don't look like an American.
4. You're so attractive for an American.
5. I've never seen such an attractive American woman like you.
6. That's what I meant.

> 패턴을 익혀볼까요?

That's what

'그것이 (바로) ~인 것이다'의 의미를 전하는 패턴입니다. what은 the thing that ~의 의미를 갖습니다. 뒤에 문장이 올 수도 있고 단어가 올 수도 있습니다.

* *That's what* I meant.
  I want from you
  you should do
  we have to deal with
  counts
  I thought
  I'm worried about

 패턴 해석

난 그런 뜻으로 한 말이었어. | 그게 바로 내가 네게 원하는 거야. | 그게 네가 해야 할 일이야. | 그게 우리가 다뤄야 할 일이야. | 그게 중요한 거야. | 그게 내가 생각했던 거야. | 그게 지금 내가 걱정하고 있는 일이야.

> 표현을 익혀볼까요?

1. I'd like to talk to you a minute.
잠깐 얘기 좀.

I'd like to ~는 '나는 ~을 하고 싶다'는 의미의 정중한 패턴입니다. talk to you는 '너와 대화하다'이고 a minute은 for a minute입니다.

2. You don't look like an American.
미국인처럼 생기지 않으셨어요.

look like ~는 '외모가 ~처럼 보이다'의 의미입니다. American은 '미국인'이라는 명사의 의미와 '미국인의'라는 형용사의 의미를 동시에 갖고 있습니다. 물론 본문에서는 명사로 쓰였습니다.

3. You're so attractive for an American.
당신은 미국인이라고 하기엔 정말 매력적입니다.

so attractive는 '대단히 매력적인'의 의미입니다. 전치사 for는 '~임에 비해서'의 의미로 쓰였지요. 그래서 for an American은 '미국인이라는 사실에 비해서는' 정도로 이해합니다.

4. Stop flattering me.
과찬의 말씀이에요.

직역하면 "내게 아첨 그만해."입니다. 이것을 "비행기 태우지 마." 정도의 느낌으로 이해하는 것이지요. 그래서 "과찬의 말씀입니다."로 해석할 수 있습니다.

오석태와 함께 하는 진짜 여행영어

초판 1쇄 발행 2016년 9월 20일
개정판 2쇄 발행 2018년 5월 1일
개정판 3쇄 발행 2018년 11월 10일
개정판 4쇄 발행 2019년 9월 10일

지은이 오석태
발행인 송정현

기획 최종삼
진행 휴먼카인드
디자인 땡큐마더

펴낸곳 (주)애니클래스
주소 서울 금천구 가산디지털1로 19 대륭테크노타운 18차 1803호
등록 2015년 8월 31일 제2015-000072호
문의 070-4421-1070

값 11,800원
ISBN 979-11-957733-7-4(13740)
Copyright 2017 by anyclass Co.,Ltd.

* 잘못된 책은 구입처에서 바꾸어 드립니다.
* 이 책의 저작권은 지은이와 애니클래스에 있습니다. 이 책 내용의 전부 또는 일부를 재사용하려면 반드시 양측의 서면 동의를 받아야 합니다.

이 도서의 국립중앙도서관 출판시도서목록(CIP)은 서지정보유통지원시스템 홈페이지 (http://seoji.nl.go.kr)와 국가자료공동목록시스템(http://www.nl.go.kr/kolisnet)에서 이용하실 수 있습니다. (CIP제어번호: CIP2017019180)